BESTACTIVITYBOOKS.COM

Copyright © 2022 LINGUAS CLASSICS

PREMIERE ÉDITION

Dépôt légal, 2022

Illustration Graphique Extra: www.freepik.com
Merci à Alekksall, Starline, Pch.vector, Rawpixel.com, Vectorpocket, Dgim-studio, Upklyak, Macrovector, Stockgiu, Pikisuperstar & Freepik.com Designers

Découvrez des Jeux Gratuits en Ligne

Disponible Ici :

BestActivityBooks.com/FREEGAMES

5 ASTUCES POUR DÉMARRER !

1) COMMENT RÉSOUDRE LES MOTS MÊLÉS

Les puzzles sont dans un format classique :

- Les mots sont cachés sans espaces, tirets, ...
- Orientation : Les mots peuvent être écrits en avant, en arrière, vers le haut, vers le bas ou en diagonale (ils peuvent être inversés).
- Les mots peuvent se chevaucher ou se croiser.

2) UN APPRENTISSAGE ACTIF

Un espace est prévu à côté de chaque mots pour noter la traduction. Pour favoriser un apprentissage actif un **DICTIONNAIRE** à la fin de cette édition vous permettra de vérifier et étendre vos connaissances. Cherchez et notez les traductions, trouvez-les dans le Puzzle et ajoutez-les à votre vocabulaire !

3) MARQUEZ LES MOTS

Vous pouvez inventer votre propre système de marquage. Peut-être en utilisez-vous déjà un ? Sinon, vous pourriez, par exemple, marquer les mots qui ont été difficiles à trouver d'une croix, ceux que vous avez aimés d'une étoile, les mots nouveaux d'un triangle, les mots rares d'un diamant, etc...

4) STRUCTUREZ VOTRE APPRENTISSAGE

Cette édition vous offre un **CARNET DE NOTES** très pratique à la fin du livre. En vacances ou en voyage ou à la maison, vous pouvez facilement organiser vos nouvelles connaissances sans avoir besoin d'un second bloc-notes !

5) VOUS AVEZ FINI TOUTES LES GRILLES ?

Allez à la section bonus **CHALLENGE FINAL** pour trouver un jeu gratuit à la fin de cette édition !

Simple et Rapide ! Découvrez notre collection de livres d'activités pour votre prochain moment de détente et **d'apprentissage**, à juste un clic de distance !

Trouvez votre prochain défi sur :

BestActivityBooks.com/MonProchainLivre

À vos marques, prêts... Partez !

Saviez-vous qu'il existe environ 7 000 langues différentes dans le monde ? Les mots sont précieux.

Nous aimons les langues et avons travaillé dur pour créer les livres de la plus haute qualité pour vous. Nos ingrédients ?

Une sélection des thématiques d'apprentissage adaptée, trois belles parts de divertissement, puis nous ajoutons une cuillère de mots difficiles et une pincée de mots rares. Nous les servons avec soin et un maximum de plaisir pour vous permettre de résoudre les meilleurs jeux de mots mêlés qui soient et d'apprendre en vous amusant !

Votre avis est essentiel. Vous pouvez participer activement au succès de ce livre en nous laissant un commentaire. Nous aimerions vraiment savoir ce que vous avez préféré dans cette édition !

Voici un lien rapide qui vous mènera à la page d'évaluation de vos commandes :

BestBooksActivity.com/Avis50

Merci pour votre aide et amusez-vous bien !

De la part de toute l'équipe

1 - Adjectifs #2

```
G  F  H  Z  R  E  S  P  O  N  S  I  B  L  E
I  A  D  E  S  C  R  I  P  T  I  V  E  E  V
F  M  X  N  R  Z  S  R  Q  J  W  D  A  L  I
T  O  X  E  U  K  R  W  S  O  O  P  J  E  T
E  U  C  Q  K  H  B  Z  F  Y  O  R  N  G  A
D  S  Q  I  P  R  O  U  D  T  E  O  A  A  E
H  E  A  L  T  H  Y  W  I  L  D  D  T  N  R
P  U  R  E  F  A  D  E  O  A  A  U  U  T  C
L  Y  L  I  H  C  M  N  Y  S  M  C  R  F  T
I  D  V  A  B  P  G  A  V  Q  D  T  A  J  D
P  O  W  E  R  F  U  L  R  E  T  I  L  F  T
A  U  T  H  E  N  T  I  C  D  Y  V  L  H  R
U  Q  T  K  G  N  I  T  S  E  R  E  T  N  I
E  N  J  F  D  N  Q  V  K  O  D  R  X  G  C
S  T  R  O  N  G  V  J  C  G  E  H  N  A  V
```

AUTHENTIC	NATURAL
FAMOUS	NEW
CREATIVE	PRODUCTIVE
DESCRIPTIVE	POWERFUL
GIFTED	PURE
DRAMATIC	RESPONSIBLE
ELEGANT	HEALTHY
PROUD	SALTY
STRONG	WILD
INTERESTING	DRY

2 - Formes

```
X Q C W S E G D E N O C V T V
H Y P E R B O L A M G K I V E
G Q S D L U C Y L I N D E R X
O U Q I B C R E C T A N G L E
V X U S A M R E N R O C G W J
A A A L I N E I P Y R A M I D
L R R M U X S W C P F N Z R T
G A E X L N W P X R R U B X R
P Z W X P A D L L E E I C W I
P O E L L I P S E F W E S C A
G N L I O K C U R V E A L M N
G C U Y R O Z Z E F B R U G G
P J J P G W R O H X E C N H L
V V V A M O S X P T Z Y G N E
E L I M I K N R S S R A R O Q
```

ARC   ELLIPSE
EDGES   HYPERBOLA
SQUARE   LINE
CIRCLE   OVAL
CORNER   POLYGON
CURVE   PRISM
CONE   PYRAMID
SIDE   RECTANGLE
CUBE   SPHERE
CYLINDER   TRIANGLE

3 - Force et Gravité

```
P W O J R D L T L P E D F A M
W L N E A I T I B R O I R X M
E S A Y S S M Y D O U S I I E
I B F N O I T O M P G C C S C
G G N D E W D L L E F O T C H
H U B V Y T B A M R K V I Z A
T K A X X G S S C T X E O H N
T P R E S S U R E I S R N F I
Z I M S C P W E C E M Y A Z C
C M M B I W P V N S G A K I S
F U I E S E X I A J O D N I N
S H M I Y C E N T E R A Z Y V
K R V H H Y P U S S P E E D D
Z O F I P M M S I T E N G A M
I M P A C T Y G D T Q P T U V
```

AXIS   ORBIT
CENTER   PHYSICS
DISCOVERY   PLANETS
DISTANCE   WEIGHT
DYNAMIC   PRESSURE
FRICTION   PROPERTIES
IMPACT   TIME
MAGNETISM   UNIVERSAL
MECHANICS   SPEED
MOTION

4 - Adjectifs #1

```
I  D  I  L  X  B  T  N  A  T  R  O  P  M  I
N  E  Q  D  S  E  H  B  L  U  P  A  A  B  Q
N  Y  V  A  E  H  I  W  V  A  E  M  R  E  Y
O  S  L  O  W  N  N  F  K  L  R  B  T  A  A
C  D  M  V  M  N  T  A  X  X  F  I  I  U  B
E  K  V  Z  C  Y  S  I  R  B  E  T  S  T  S
N  H  O  P  A  O  E  A  C  N  C  I  T  I  O
T  X  U  I  D  U  N  P  G  A  T  O  I  F  L
P  F  D  G  Q  N  O  V  W  E  L  U  C  U  U
E  H  Q  M  E  G  H  V  I  V  J  S  J  L  T
H  X  A  T  T  R  A  C  T  I  V  E  E  O  E
N  L  O  M  O  D  E  R  N  T  Q  L  C  O  V
V  V  E  T  J  Y  C  U  O  C  J  Z  B  Z  V
L  D  U  G  I  A  R  O  M  A  T  I  C  Q  A
D  K  J  O  D  C  G  E  N  E  R  O  U  S  C
```

ABSOLUTE	HONEST
ACTIVE	IDENTICAL
AMBITIOUS	IMPORTANT
AROMATIC	INNOCENT
ARTISTIC	YOUNG
ATTRACTIVE	SLOW
BEAUTIFUL	HEAVY
EXOTIC	THIN
HUGE	MODERN
GENEROUS	PERFECT

5 - Instruments de Musique

```
K  C  B  T  W  S  B  A  G  M  P  M  S  P  T
W  L  M  A  T  L  T  T  T  O  F  Q  A  E  A
D  A  A  B  S  F  L  U  T  E  N  Q  X  R  M
M  R  R  O  N  S  L  M  U  Q  O  G  O  C  B
V  I  I  H  E  N  O  B  M  O  R  T  P  U  O
M  N  M  W  L  R  S  O  M  L  G  E  H  S  U
A  E  B  F  H  A  R  P  N  L  U  S  O  S  R
N  T  A  S  H  C  X  M  G  E  O  G  N  I  I
D  L  U  B  D  I  M  O  I  C  N  S  E  O  N
O  C  E  S  W  N  G  U  I  T  A  R  N  N  E
L  D  T  R  N  O  Z  H  R  V  I  O  L  I  N
I  A  T  E  P  M  U  R  T  D  P  J  Z  S  E
N  V  U  D  O  R  W  Q  M  U  M  N  W  U  E
O  B  O  E  N  A  E  J  A  D  P  A  R  W  C
T  P  M  E  N  H  B  U  U  F  X  B  M  C  T
```

BANJO	MARIMBA
BASSOON	PERCUSSION
CLARINET	PIANO
FLUTE	SAXOPHONE
GONG	DRUM
GUITAR	TAMBOURINE
HARMONICA	TROMBONE
HARP	TRUMPET
OBOE	VIOLIN
MANDOLIN	CELLO

6 - Échecs

```
W D I A G O N A L H U Q D T B
R H T G N Z E W J S A T X N R
U P I J L O E L H C E R I E J
L L L T Z R U L M M C S Y M S
E R L T E O Q R B K I N G A E
S U U I V Q Z J F N F R E N G
P B K P I C S V E Z I A T R N
X X F Q S S H H L Y R E A U E
R L C D S K C A L B C L R O L
B D I Z A G O H M G A O T T L
G A M E P T N B Q P S T S T A
C L E V E R T O C Q I F F D H
F S W C B R E Y A L P O H H C
L I W A Y F S T N I O P N H X
V E S Z J Y T O P P O N E N T
```

OPPONENT
TO LEARN
WHITE
CHAMPION
CONTEST
CHALLENGES
DIAGONAL
CLEVER
GAME
PLAYER

BLACK
PASSIVE
POINTS
QUEEN
RULES
KING
SACRIFICE
STRATEGY
TIME
TOURNAMENT

7 - Herboristerie

```
I  C  K  L  U  F  F  E  N  N  E  L  D  S  L
N  P  N  A  N  P  L  R  O  S  E  M  A  R  Y
G  G  U  V  M  A  R  O  J  R  A  M  H  Y  W
R  A  N  E  E  R  G  X  W  G  B  V  Q  I  O
E  R  Y  N  Z  S  I  C  F  E  Q  A  I  L  Q
D  D  M  D  C  L  C  D  L  M  R  P  S  A  Z
I  E  P  E  A  E  R  T  A  Y  H  J  U  I  P
E  N  C  R  R  Y  R  A  V  H  W  R  X  C  L
N  O  U  X  O  G  Z  J  O  T  N  G  Q  I  V
T  G  L  V  M  A  Y  V  R  Y  E  B  Q  F  Y
L  A  I  F  A  R  S  A  F  F  R  O  N  E  K
C  R  N  H  T  L  I  U  M  U  H  C  F  N  V
R  R  A  M  I  I  A  Y  E  I  R  D  T  E  S
Z  A  R  R  C  C  F  T  J  Q  N  N  Q  B  P
S  T  Y  T  I  L  A  U  Q  M  E  T  L  C  T
```

GARLIC	LAVENDER
AROMATIC	MARJORAM
BASIL	MINT
BENEFICIAL	PARSLEY
CULINARY	QUALITY
TARRAGON	ROSEMARY
FENNEL	SAFFRON
FLOWER	FLAVOR
INGREDIENT	THYME
GARDEN	GREEN

8 - Photographie

```
X  P  U  C  S  U  G  Q  Z  B  X  Q  Q  Q  S
G  O  K  O  D  N  Q  M  F  Y  L  U  T  T  H
E  R  M  M  Y  E  S  D  H  K  J  A  U  K  A
L  T  P  P  N  T  C  E  J  B  U  S  C  L  D
E  R  E  O  O  F  E  K  O  H  W  X  R  K  O
D  A  R  S  I  O  M  X  B  Q  I  K  D  Q  W
A  I  S  I  T  S  A  R  T  N  O  C  F  L  S
R  T  P  T  I  U  R  L  A  U  S  I  V  R  Y
K  C  E  I  B  F  F  V  N  C  R  O  L  O  C
N  E  C  O  I  P  O  N  C  U  G  E  W  R  G
E  J  T  N  H  V  M  R  E  N  G  O  L  C  H
S  B  I  U  X  I  W  W  M  V  B  K  U  B  H
S  O  V  K  E  E  Q  K  M  A  R  E  M  A  C
Q  L  E  V  Q  W  R  K  Z  W  T  Z  T  V  J
L  I  G  H  T  I  N  G  P  T  B  Z  B  H  K
```

SOFTEN
FRAME
CAMERA
COMPOSITION
CONTRAST
COLOR
EXHIBITION
LIGHTING
FORMAT
BLACK

OBJECT
DARKNESS
SHADOWS
PERSPECTIVE
PORTRAIT
SUBJECT
TEXTURE
VISUAL
VIEW

9 - Camping

```
N O O M K G F A Z V H A T A V
I A E Q U I P M E N T C S N E
B Z T O D T Z A R U N W E I R
A E H U S H X G I B E S R M N
C L U Y R M A R F Q T C O A S
K U N B K E O F B J R K F L B
V P T U C Q K U T K G Q J S M
O S I R O P E H N C A N O E A
L S N Z M U K A X T F N T S P
I A G J M E A W L Q A O W R V
R P N Z A W L M U Q L I K E A
A M G T H I N S E C T B N Z O
G O N J E A D V E N T U R E B
B C K N F R O J F M Z G G B G
K B W B Q T N J R I L K S C D
```

ANIMALS
ADVENTURE
COMPASS
CABIN
CANOE
MAP
HAT
HUNTING
ROPE
EQUIPMENT

FIRE
FOREST
HAMMOCK
INSECT
LAKE
LANTERN
MOON
MOUNTAIN
NATURE
TENT

10 - Écologie

```
Y  S  S  H  A  B  I  T  A  T  M  E  Y  S  S
M  T  P  J  H  A  R  D  H  Q  D  F  Q  U  U
O  F  E  T  A  M  I  L  C  G  U  E  E  Z  R
U  L  C  I  T  V  Z  L  W  Z  U  D  N  M  V
N  O  I  I  R  Z  T  I  R  P  B  O  I  O  I
T  R  E  Z  H  A  W  L  V  I  N  S  R  J  V
A  A  S  A  O  F  V  N  A  A  Y  X  A  D  A
I  O  D  I  V  E  R  S  I  T  Y  Y  M  G  L
N  P  Q  F  O  V  O  L  U  N  T  E  E  R  S
S  S  U  S  T  A  I  N  A  B  L  E  H  V  F
T  W  V  S  E  I  T  I  N  U  M  M  O  C  W
N  A  T  U  R  E  X  S  U  N  A  M  J  A  J
A  N  A  T  U  R  A  L  A  V  R  C  R  C  P
L  L  U  U  Q  R  B  Q  F  W  S  D  J  B  P
P  R  E  S  O  U  R  C  E  S  H  G  A  E  V
```

VOLUNTEERS	MARINE
CLIMATE	MOUNTAINS
COMMUNITIES	NATURE
DIVERSITY	NATURAL
SUSTAINABLE	PLANTS
SPECIES	RESOURCES
FAUNA	DROUGHT
FLORA	SURVIVAL
HABITAT	VARIETY
MARSH	

11 - Géométrie

```
T X K L A C I T R E V A F C D
C H W E G N E S R F P J V I U
A E E N T N B O V I H Q F R L
L O V O P M X E T L A X P C C
C H R I R A Y P O G D N S L H
U M U T D Y R L T N E M G E S
L E C R I S T A M A S S H L R
A D I O A U E K L M M F F G E
T I G P M R M E D L J M K N B
I A O O E F M L W M E R J A M
O N L R T A Y S V N J L Y V U
N Z I P E C S E Q U A T I O N
J V Q B R E D I M E N S I O N
H E I G H T Z U U Q L L J G B
H K U N L L F O S K B X O I J
```

ANGLE	MEDIAN
CALCULATION	NUMBER
CIRCLE	PARALLEL
CURVE	PROPORTION
DIAMETER	SEGMENT
DIMENSION	SURFACE
EQUATION	SYMMETRY
HEIGHT	THEORY
LOGIC	TRIANGLE
MASS	VERTICAL

12 - Philanthropie

```
C O M M U N I T Y Y D A V D G
G E N E R O S I T Y J A Q U R
H H T E C H A R I T Y U V F O
B O I G O A L S S S L T V D U
Q S N S K V H U M A N I T Y P
I I S E T B C L A B O L G Y S
X O Q Y S O S R R C I L B U P
N A V X X T R Z G J S D N U F
G G M W M M Y Y O N S Z Q G F
C O N T A C T S R I I W O S I
T N N E L P O E P D M U D L N
C H I L D R E N F Z Z C N R A
U T M O S E G N E L L A H C N
O Z S W I P E Y O U T H L V C
M F N P P D M N O U B G C Q E
```

NEED
GOALS
CHARITY
COMMUNITY
CONTACTS
CHALLENGES
CHILDREN
FINANCE
FUNDS
PEOPLE

GENEROSITY
GLOBAL
GROUPS
HISTORY
HONESTY
HUMANITY
YOUTH
MISSION
PROGRAMS
PUBLIC

13 - Diplomatie

```
K P P C O N F L I C T C R U J
J A T O Z C O Q O X U I E S U
W M D O L Z U L U R Y T S E S
Z B I N O I T U L O S I O C T
F A S A F Y T T T K C Z L U I
G S C I D M Y I S R O E U R C
O S U R C V T Y C L O N T I E
V A S A O O I S S S P S I T Q
E D S T M G R S X D E C O Y J
R O I I M F G A E Z R I N K I
N R O N U C E B G R A H M N O
M T N A N Y T M W V T T L R Q
E J D M I Q N E N G I E R O F
N K P U T C I T A M O L P I D
T A G H Y T A E R T N D W H F
```

EMBASSY
AMBASSADOR
CITIZENS
COMMUNITY
CONFLICT
ADVISER
COOPERATION
DIPLOMATIC
DISCUSSION
ETHICS

FOREIGN
GOVERNMENT
HUMANITARIAN
INTEGRITY
JUSTICE
POLITICS
RESOLUTION
SECURITY
SOLUTION
TREATY

14 - Électricité

```
N E G A T I V E L X F G D T I
N V G E L E C T R I C Q G Q J
P Z F A E L E C T R I C I A N
P D O Y R O B J E C T S Z F C
Z H G L E O G E N E R A T O R
M G L Z S S T E N G A M F Z S
U U N F A O F S C A B L E I N
R F J U L Z C P O S I T I V E
B A T T E R Y K R O W T E N I
Q U A N T I T Y E P G B L D B
T E L E P H O N E T V A U P S
N O I S I V E L E T H V O L Z
P J T J C B A A L W I R E S B
R Z O Z T N E M P I U Q E K I
Y P N J J X B P Z J A C O E Z
```

MAGNET	LASER
BULB	NEGATIVE
BATTERY	OBJECTS
CABLE	POSITIVE
ELECTRICIAN	SOCKET
ELECTRIC	QUANTITY
EQUIPMENT	NETWORK
WIRES	STORAGE
GENERATOR	TELEPHONE
LAMP	TELEVISION

15 - Astronomie

```
C O N S T E L L A T I O N L M
A S T R O N O M E R S R O K E
I C Z V Z D S L Y N K O O N T
G P O H U M Y U T V J C M N E
A S T E R O I D P H V K X E O
C O S M O S C O L E V E H B R
A S T R O N A U T D R T Y U O
O B S E R V A T O R Y N X L V
P R A D I A T I O N K E O A Y
L S G K C G U M U R S C N V X
A R O O A E N S F E P L I V A
N U A L M K K G L Y U I U S L
E D D U A Z T U R F X P Q S A
T H U E S R E V I N U S E G G
P W D V G H W H T R A E M D B
```

ASTEROID   MOON
ASTRONAUT   METEOR
ASTRONOMER   NEBULA
SKY   OBSERVATORY
CONSTELLATION   PLANET
COSMOS   RADIATION
ECLIPSE   SOLAR
EQUINOX   SUPERNOVA
ROCKET   EARTH
GALAXY   UNIVERSE

16 - Physique

```
F M K E H B K M E X Q L U P C
O W S P L R S A C G U K Y A W
R K Y P A E S S U M D S B R M
M O T A C N C S A V P P E T O
U M I I I I I T G U I E J I L
L A V V M G N O R R E E U C E
A G I C E N A I A O A D Y L C
C N T H H E H G E H N V T E U
V E A A C H C N L W X Q I V L
F T L O Y H E M C V J O S T E
L I E S H K M L U Q D B N B Y
D S R Y Y R Y C N E U Q E R F
X M O N J I B L M Q A R D H P
A C C E L E R A T I O N R A W
M K U N I V E R S A L G A S C
```

ACCELERATION
ATOM
CHAOS
CHEMICAL
DENSITY
ELECTRON
FORMULA
FREQUENCY
GAS
GRAVITY

MAGNETISM
MASS
MECHANICS
MOLECULE
ENGINE
NUCLEAR
PARTICLE
RELATIVITY
UNIVERSAL
SPEED

17 - Types de Cheveux

```
U  B  C  V  Z  L  H  S  L  R  U  C  A  A  C
D  Q  L  N  U  O  E  I  Q  F  Z  N  T  S  U
S  F  Q  O  Y  N  A  L  R  B  L  A  C  K  R
H  B  P  Z  N  G  L  V  F  I  Z  I  A  C  L
I  F  E  T  N  D  T  E  L  I  D  H  E  I  Y
N  C  G  R  R  U  H  R  F  S  E  J  U  H  A
Y  U  K  U  T  L  Y  B  S  S  R  D  X  T  R
L  I  T  Z  V  R  H  P  B  K  O  N  K  L  G
V  D  C  A  C  H  L  C  K  L  L  F  Z  Q  K
G  B  R  A  I  D  E  D  K  V  O  L  T  Q  E
U  U  T  W  X  D  R  Y  F  S  C  H  R  A  S
B  M  H  W  N  Y  L  V  Y  D  O  E  O  L  Q
E  T  I  H  W  N  T  A  T  J  U  L  H  E  S
X  K  N  Z  H  G  Y  W  B  M  X  W  S  O  G
V  Y  B  R  O  W  N  H  E  E  H  G  N  N  Z
```

SILVER	CURLY
WHITE	GRAY
BLOND	LONG
CURLS	BROWN
SHINY	THIN
BALD	BLACK
COLORED	WAVY
SHORT	HEALTHY
SOFT	DRY
THICK	BRAIDED

18 - Archéologie

```
P R O F E S S O R A N T T D X
F R U N K N O W N F O E E E V
W O E L O V Y J S Y I A M S P
A P S L F E X P E R T M P C W
R N L S I C R F N E A C L E T
E E T Q I C I H O T U B E N B
P T D I L L T T B S L D I D P
Y T X M Q R K A E Y A Q T A K
D O F B L U D J P M V E Z N E
T G T O M B I N H F E X G T I
V R H K R T K T J T S F B V V
B O K M H O Y A Y R E T T O P
S F R E S E A R C H E R J K D
C I V I L I Z A T I O N S V B
T A N A L Y S I S T C E J B O
```

ANALYSIS	UNKNOWN
ANTIQUITY	MYSTERY
RESEARCHER	OBJECTS
CIVILIZATION	BONES
DESCENDANT	FORGOTTEN
EXPERT	POTTERY
ERA	PROFESSOR
TEAM	RELIC
EVALUATION	TEMPLE
FOSSIL	TOMB

19 - Mammifères

```
K G X D M Z U W Z W H A L E E
A O R F Y S G H N I H P L O D
N R K I X W H H O R S E L R H
G I I K S G A Y Q Y P E U G Y
A L F K F G H R A J Y H B B F
R L L O J I T I G E R S K W P
O A O M X R D T D Z E B R A N
O P W O E A H C F T S S K U M
K A P N L F L I O N I A Q H O
J T I M E F K P L U D U G R N
D Q T O P E T O Y O C O I A K
Z T A L H P O J Y H V X G B E
B E A R A P F V L Q D P V B Y
Q T L C N S A F O W Z N H I P
G N C U T D N U L F H G G T N
```

WHALE	RABBIT
CAT	LION
HORSE	WOLF
DOG	SHEEP
COYOTE	BEAR
DOLPHIN	FOX
ELEPHANT	MONKEY
GIRAFFE	BULL
GORILLA	TIGER
KANGAROO	ZEBRA

20 - Chocolat

```
M S D P J C I T O X E O Q P S
R W J R M X O B V M E Y U O L
X E A E C Q F C T J H E A W Q
N E R C G A O H O W U Q L D Y
Z T O I Q Q N Q V N I R I E U
E H M P Z X P D T D U E T R V
S V A E W A M E Y U S T Y I O
H P E T I R O V A F F T N S P
B T N E I D E R G N I I T U R
F L A V O R H D V H U B E G V
O C C A R A M E L X P T T A L
R A D X A I V I H I Y Q S R W
I C D E L I C I O U S E A O F
F A A N T I O X I D A N T R S
J O V I Q Y W C A L O R I E S
```

BITTER	EXOTIC
ANTIOXIDANT	FAVORITE
AROMA	TASTE
CANDY	INGREDIENT
PEANUTS	COCONUT
CACAO	POWDER
CALORIES	QUALITY
CARAMEL	RECIPE
DELICIOUS	FLAVOR
SWEET	SUGAR

21 - Mathématiques

```
M A R G O L E L L A R A P T C
A X M N S R J J T A E R A R I
R D U O U M M F U N T E R I R
I X S G M A E S Q B E C A A C
T G S Y M M E T R Y M T L N U
H E R L A Z X Z S G A A L G M
M O G O W N K L Z W I N E L F
E M B P N E G W V E D G L E E
T E R A U Q S L L H K L A J R
I T E F U U G N E I M E M A E
C R G E O A F T N S D X I E N
D Y H R E T E M I R E P C N C
U Y C D Q I V O L U M E E P E
J D M J N O I T C A R F D D N
G B E B T N E N O P X E V K U
```

ANGLES
ARITHMETIC
SQUARE
CIRCUMFERENCE
DECIMAL
DIAMETER
EXPONENT
EQUATION
FRACTION
GEOMETRY

PARALLEL
PARALLELOGRAM
PERIMETER
POLYGON
RECTANGLE
SUM
SYMMETRY
TRIANGLE
VOLUME

22 - Sport

```
N L X B M A R G O R P S E I Q
J U Y G X U W J D R H T H A F
K I T L G H S E N O B R E T I
I T I R N Q A C N O W E A H G
M V L W I E F R L E Z N L L S
T O I X L T C Y A E F G T E L
L L B J C E I D O Z S T H T J
A S A O Y I L O G I K H V E E
J O D G C D O B N M K S B A D
B M R G E N B Z I I W T A Q Z
J F U I R W A I C X C R C N U
J X A N Y U T Y N A H O G V V
K T Z G A C E O A M F P A A N
T O S W I M M S D Y G S T C E
E N D U R A N C E R S P Q Z H
```

ATHLETE	MAXIMIZE
ABILITY	METABOLIC
BODY	MUSCLES
CYCLING	TO SWIM
DANCING	NUTRITION
DIET	GOAL
ENDURANCE	BONES
COACH	PROGRAM
STRENGTH	HEALTH
JOGGING	SPORTS

23 - Mythologie

```
H U L A C I G A M D T I V C W
N O I T A E R C E T H M U U D
B J G T X R V A K A U M I L V
E E H V Y Z R E T S N O M T B
H A T D V B W Z A O D R V U E
A L N S I L Q N I E E T M R L
V O I K T S R O I R R A W E I
I U N G Y R A L F C F L H P E
O S G N L F E S E C C I B Y F
R Y O J A A C N T G V T R T S
C R E A T U R E G E E Y I E I
L A B Y R I N T H T R N L H E
D U F U O R E H Q M H Y D C H
W L E R M R E V E N G E P R W
X Y Y Z D N Z Q P H Q B V A O
```

ARCHETYPE   HERO
DISASTER   IMMORTALITY
BEHAVIOR   JEALOUSY
CREATION   LABYRINTH
CREATURE   LEGEND
BELIEFS   MAGICAL
CULTURE   MONSTER
LIGHTNING   MORTAL
STRENGTH   THUNDER
WARRIOR   REVENGE

24 - Restaurant #2

```
S O U P R G C P H U S G G E U
F N G K Y Q W A T E R A K P C
R E T I A W F K W J O B L M I
U R F R W M Z T X I E M T T C
I Z S F T Q C E G A R E V E B
T S U O I C I L E D E S E S C
N M D R T T X A W K N A G P A
C W F K E Q B G S B N L E I K
W H D Z C X B U C W I A T C E
H S A A U O X E Q D D D A E J
X H Y I L U N C H S I F B S G
U V G N R U O O O Y I H L Z F
K P Z A Z Y W R O Y C H E V W
N O O D L E S X V P E B S A A
N X F K K O O G E D S A R F T
```

BEVERAGE
CHAIR
SPOON
LUNCH
DELICIOUS
DINNER
WATER
SPICES
FORK
FRUIT

CAKE
ICE
VEGETABLES
NOODLES
EGGS
FISH
SALAD
SALT
WAITER
SOUP

25 - Beauté

```
R S R F S C I S S O R S S E S
S T U R L M N B D G F E D L H
M Y Q A I S H C E P Y D Q E A
O L J G O L K S B J Q E A G M
O I G R X I B I U B A I W A P
T S Z A U P K A N E K Z L N O
H T V N O S M A S C A R A T O
S Z B C S T R S E R V I C E S
Z G W E L I A E C N A G E L E
C O L O R C H Y U D U R U Z S
Z G Y D U K C O L Z W A P V Q
S I C S C I T E M S O C Y P G
M A K E U P A Q Y U M E O W M
P H O T O G E N I C E S K L T
L E M I R R O R A G N N P F U
```

CURLS
CHARM
SCISSORS
COSMETICS
COLOR
ELEGANCE
ELEGANT
GRACE
OILS
SMOOTH

MAKEUP
MASCARA
MIRROR
FRAGRANCE
SKIN
PHOTOGENIC
LIPSTICK
SERVICES
SHAMPOO
STYLIST

26 - Avions

```
B R H E G N I D N A L D D S T
A A J I A K M P R D I E I K U
C T L C S T X X U V Y S R Y R
O O M L Q T H G I E H C E C B
N L G O O K O C Z N F E C C U
S I S A S O A R S T U N T S L
T P V I A P N T Y U E T I T E
R E B U L W H W U R L O O Q N
U W N V T W P E Z E U N N M C
C H X H I U T R R W Z R U F E
T Z J O T S Q C W E N I G N E
I Q Q S U I N F L A T E K F Z
O P A F D H Y D R O G E N T D
N Q I G E E P T I X D G B Y G
J B R E G N E S S A P I V E E
```

AIR
ALTITUDE
ATMOSPHERE
LANDING
ADVENTURE
BALLOON
FUEL
SKY
CONSTRUCTION
DESCENT

DIRECTION
CREW
INFLATE
HEIGHT
HISTORY
HYDROGEN
ENGINE
PASSENGER
PILOT
TURBULENCE

27 - Aventure

```
P Y T E F A S A C T I V I T Y
E R N A V I G A T I O N I N T
G A E O P P O R T U N I T Y R
B R K P S U R P R I S I N G A
X E A L A U S U N U A N L R V
N N A Q H R N S G R G O S J E
A I V U H F A E B T I I M R L
T T Q G T J C T W I D T I P S
U I E S E Y N Y I C H A N C E
R G J C R I P S F O F N F G E
E V O B R A V E R Y N I I Z B
Q W Y W C Z S P G A O T W C X
D A N G E R O U S P N S H Y H
D I F F I C U L T Y G E I X D
E N T H U S I A S M J D V Z U
```

ACTIVITY
BEAUTY
BRAVERY
CHANCE
DANGEROUS
DESTINATION
DIFFICULTY
ENTHUSIASM
UNUSUAL
ITINERARY

JOY
NATURE
NAVIGATION
NEW
OPPORTUNITY
PREPARATION
SAFETY
SURPRISING
TRAVELS

28 - Ingénierie

```
O H E T B D C M A I I G D A N
N D T X W Y I L C X X C E X O
G M H L Y G R E N E I B P X I
G E A R S K O L S C T S T A T
M D M K Z B T R K E H O H U C
E A D W V O O M E X L P Q D U
A M X S Y X M D I A M E T E R
S P R O P U L S I O N H R E T
U H U C V N D J F U B Z C C S
R U H O V G I Z Z D Q A Z T N
E A N G L E A U P Y T I E A O
M O N P H T G N E R T S L S C
E T F T A F R R O T A T I O N
N J N O I T A L U C L A C K F
T K Y R S L M M A C H I N E E
```

ANGLE
AXIS
CALCULATION
CONSTRUCTION
DIAGRAM
DIAMETER
DIESEL
GEARS
ENERGY

STRENGTH
LIQUID
MACHINE
MEASUREMENT
MOTOR
DEPTH
PROPULSION
ROTATION

29 - Énergie

```
H E A T P N S V J V I G E B H
L N O T O H P U K J N A L I Y
P I C X L A G J N R D S E E D
B B T Y L R M B C F U O C N R
D R A W U N A Y P G S L T V O
Y U X W T F U E L D T I R I G
R T P F I O Q D L O R N I R E
E E Y P O R T N E C Y E C O N
T E N C N B V O C W U F M N O
T P C E U S P R I P B N O M B
A R C Z W T D T S Q Z L T E R
B D R L Q A K C H W W I O N A
D I E S E L B E G I I L R T C
L A G N H S C L I N M T Q T C
N G G B X J U E E D B S H A B
```

BATTERY
CARBON
FUEL
HEAT
DIESEL
ENTROPY
ENVIRONMENT
GASOLINE
ELECTRIC
ELECTRON

HYDROGEN
INDUSTRY
MOTOR
NUCLEAR
PHOTON
POLLUTION
RENEWABLE
SUN
TURBINE
WIND

30 - Cuisine

```
C D F Z S E C I P S I R D M Z
R H Z K W P L A C L L I R G L
E N O R P A O X E W A I M Q J
F J G P C C O Y J N D Z D U
R A J D S V K C N C O O L S G
I C U P S T U A Q S S O N E J
G Z R B G H I V H Y P F A V H
E R E C I P E C B O O B P I F
R K L X V V I D K J N O K N R
A E W C M N A F B S G W I K E
T T P M J O K I U S E L N M E
O T Z W T V N G P F O R K S Z
R L X D H G T B D X O V E N E
A E Y W B D L N R Y T O O H R
S L Z S E Z F U W J N L P E H
```

CHOPSTICKS	FORKS
BOWL	GRILL
KETTLE	LADLE
FREEZER	FOOD
KNIVES	JAR
JUG	RECIPE
SPOONS	REFRIGERATOR
SPICES	NAPKIN
SPONGE	APRON
OVEN	CUPS

31 - Corps Humain

```
K R R R E G N I F H F W J F H
N E U H C N I K S M O Q S Y Y
E D L D A E H C A M O T S C N
E L X B F C C N E V E A G M X
L U E B O K Y I O Q R E B R I
K O A J Z W M A C S P I L T S
N H R M D A C R Q V E I O Q M
A S P R Z J Y B G F U Z O C E
S B T H T Q V H F N Z Q D L U
M B Q I Z L N A O T S V J G T
Z O D X T L E N V X J B J H L
T I U J V J D D S S H G S H N
N R V T J N T S A J E I B X W
D S I F H C B A O Z L X V T C
H E A R T E B O C G Q M M U J
```

MOUTH   LIPS
BRAIN   HAND
ANKLE   JAW
NECK   CHIN
ELBOW   NOSE
HEART   EAR
FINGER   SKIN
STOMACH   BLOOD
SHOULDER   HEAD
KNEE   FACE

32 - Biologie

```
T S X N D B D I Z U L P B J A
N E U R O N B S B Y E R B K N
M M E F Y E L N O R K O E W A
U O V X R G R L A R U T A T
T S O X B A E L I T P E R O O
A O L G M L K E M A J I S I M
T M U K E L V C V I D N Y T Y
I O T M L O R Z J R R D N A D
O R I O S C W O Z E E I A R Y
N H O L I P J S J T H N P I Y
L C N A S S R H D C U C S P W
H O R M O N E H K A B Q E S Y
F N U M M S U L L B Y Y S E I
F M Q A S Y M B I O S I S R O
Q K S M O A E N Z Y M E M S T
```

ANATOMY   MUTATION
BACTERIA   NATURAL
CELL   NERVE
CHROMOSOME   NEURON
COLLAGEN   OSMOSIS
EMBRYO   PROTEIN
ENZYME   REPTILE
EVOLUTION   RESPIRATION
HORMONE   SYMBIOSIS
MAMMAL   SYNAPSE

33 - Épices

```
W  R  C  C  X  R  H  X  U  F  O  E  F  C  B
W  P  Q  Y  H  H  F  B  T  L  T  V  Q  A  O
C  E  L  I  C  O  R  I  C  E  S  I  N  A  H
I  P  B  I  T  T  E  R  A  F  E  N  N  E  L
N  P  V  L  O  F  Y  W  H  G  E  A  I  S  V
N  E  E  X  V  S  F  I  J  W  J  F  M  A  A
A  R  O  N  I  O  N  L  G  S  J  Z  U  F  N
M  K  V  F  Q  M  O  M  A  D  R  A  C  F  I
O  Z  W  B  H  K  E  G  F  V  U  Y  D  R  L
N  M  C  S  A  L  T  N  I  V  O  A  R  O  L
C  O  R  I  A  N  D  E  R  N  S  R  Z  N  A
F  F  D  M  L  M  R  O  F  A  G  A  K  C  F
V  K  F  E  Y  R  R  U  C  D  J  E  W  D  W
C  D  G  J  U  G  A  L  K  C  F  K  R  T  C
P  A  P  R  I  K  A  G  E  M  T  U  N  B  V
```

SOUR	GINGER
GARLIC	NUTMEG
BITTER	ONION
ANISE	PAPRIKA
CINNAMON	PEPPER
CARDAMOM	LICORICE
CORIANDER	SAFFRON
CUMIN	FLAVOR
CURRY	SALT
FENNEL	VANILLA

34 - Agronomie

```
F M M A S N I Z N J R E P M V
E R U T L U C I R G A N R K E
R S N O I T U L L O P E O N G
T C T F O B Z V S E D R D E E
I W K U S Q X A E D K G U N T
L J S H D O O F O A Q Y C V A
I Q W Y Z G R O W T H T I B
Z D I S E A S E S T S S I R L
E X U I Y E R G T T E C O O E
R W A T E R C U B A E I N N S
S Y S T E M S O R P D E O M P
R E S E A R C H L A S N T E G
N V I O V Y O S E O L C J N H
U S Y L W T N F Z N G E W T D
J L C V E R O S I O N Y W P F
```

AGRICULTURE
GROWTH
WATER
FERTILIZER
ENVIRONMENT
ECOLOGY
ENERGY
EROSION
STUDY
SEEDS

VEGETABLES
DISEASES
FOOD
POLLUTION
PRODUCTION
RESEARCH
RURAL
SCIENCE
SOIL
SYSTEMS

35 - Science

```
F  I  S  N  R  U  W  I  Z  K  I  A  I  L  O
W  M  W  A  T  A  D  C  U  N  L  X  T  N  Y
O  Y  Y  T  A  J  N  A  F  A  C  T  W  X  D
A  K  Z  U  N  O  I  T  A  V  R  E  S  B  O
J  N  P  R  W  P  Z  O  N  X  Q  G  G  O  H
E  O  N  E  L  G  J  M  D  V  S  Y  I  R  T
P  H  Y  S  I  C  S  Q  H  P  E  R  V  G  E
P  A  R  T  I  C  L  E  S  K  L  O  F  A  M
H  Y  P  O  T  H  E  S  I  S  U  T  Z  N  C
Y  V  O  P  L  C  H  E  M  I  C  A  L  I  L
M  I  N  E  R  A  L  S  F  Z  E  R  I  S  I
P  E  V  O  L  U  T  I  O  N  L  O  S  M  M
E  X  P  E  R  I  M  E  N  T  O  B  S  L  A
M  Z  G  R  A  V  I  T  Y  U  M  A  O  K  T
S  C  I  E  N  T  I  S  T  E  H  L  F  M  E
```

ATOM	LABORATORY
CHEMICAL	METHOD
CLIMATE	MINERALS
DATA	MOLECULES
EXPERIMENT	NATURE
EVOLUTION	OBSERVATION
FACT	ORGANISM
FOSSIL	PARTICLES
GRAVITY	PHYSICS
HYPOTHESIS	SCIENTIST

36 - Vêtements

```
B K R K V B D J X B T J B I S
A A R W R E T A E W S E R B C
R P U B P L A R H S E A A Z A
X D R D I T H F I S Q N C Z R
A H N O I H S A F H J S E F F
C E N A N N T R I K S A L D M
F V K A S S E R D G E M E H I
N E C K L A C E C P V A T D P
G B O N A G F S A N O J I C S
L B I R D R Q U E T L A O B R
V S I O N D B O Y X G P P A C
C O A T A S K L S S U P A H G
F J A N S T N B T H C U N K D
S I T G J A C K E T O N T K N
U C K E W A D C A R F E S Q S
```

BRACELET   SKIRT
BELT   COAT
HAT   FASHION
SHOE   PANTS
SHIRT   SWEATER
BLOUSE   PAJAMAS
NECKLACE   DRESS
SCARF   SANDALS
GLOVES   APRON
JEANS   JACKET

37 - Méditation

```
A S I L E N C E H T H B S P O
K C J V D A P S F Z G G F E B
I Y C M U S I C P B F C G R S
N T N E M E V O M E L Z S S E
D I P K P S Z H L R A L A P R
N R O A E T L Y A U E C L E V
E A S W G I A I C T M A E C A
S L T A N B T N Z A O T D T T
S C U D I A N H C N T T U I I
K T R F H H E O L E I E T V O
D Q E D T G M G O Z O N I E N
C O M P A S S I O N N T T W T
D U D B E I A Q W E S I A U L
Z Z P I R D Y L R B O O R I A
E L M M B V K F U U N N G V L
```

ACCEPTANCE	MENTAL
ATTENTION	MOVEMENT
CALM	MUSIC
CLARITY	NATURE
COMPASSION	OBSERVATION
EMOTIONS	PEACE
AWAKE	PERSPECTIVE
KINDNESS	POSTURE
GRATITUDE	BREATHING
HABITS	SILENCE

38 - Littérature

```
C O N C L U S I O N I B C T B
A I W T R A G E D Y W H O H I
N N O I T C I F T R C M M E O
J D E L Y T S U X I Y M P M G
Z W M C D I A L O G U E A E R
X O Y N D W C I L A G O R M A
A L H I O O I W H N T P I E P
Y N R F C V T L Y A X L S T H
D R A W C E E E O L M X O A Y
P V P L G T O L N Y H L N P P
L D T L O J P W L S T N X H M
G F H U V G T L J I Y U F O W
A U T H O R Y A S S H E V R D
V H V N A R R A T O R D X S J
U K M A D E S C R I P T I O N
```

ANALOGY
ANALYSIS
ANECDOTE
AUTHOR
BIOGRAPHY
COMPARISON
CONCLUSION
DESCRIPTION
DIALOGUE
FICTION

METAPHOR
NARRATOR
POEM
POETIC
RHYME
NOVEL
RHYTHM
STYLE
THEME
TRAGEDY

39 - Nourriture #1

```
R M M Y O B Z P M I I Z J O K
P I E J R Y R R E B W A R T S
B L A P K R A C F D A L A S Z
W K T L G K G J I X N S C B B
H T B S H H U X F Y P F I T U
S O U P C E S L N O M E L L S
B R I O A I Z E H H H E R A T
E R T N N S N H K I M F A S U
A A P N I U J N P Y D F G T N
M C W Z P Y Y G A Z W O N R A
L I W C S G E V L M E C I U J
K V U H G H L T C E O F B M X
T G F P E A R Y P Y Q N U T X
K P H D A J A V O N I O N F O
T U R N I P B H Y X Q P Q U U
```

GARLIC	TURNIP
BASIL	ONION
COFFEE	BARLEY
CINNAMON	PEAR
CARROT	SALAD
LEMON	SALT
SPINACH	SOUP
STRAWBERRY	SUGAR
JUICE	TUNA
MILK	MEAT

40 - Jours et Mois

```
E N V E Q S A R N F U Y G S L
C Q F M Y A U G U S T Z N Y N
A K H N T L J E J R D V H R H
L J A N U A R Y A D R U T A S
E A O Z W M E P S B D F N U A
N V L R T U A W O L Y D O R P
D C Y V X E Q R E C X M M B R
A R Q E E G P O C E T V F E I
R E B M E T P E S H K O C F L
C B W E D N E S D A Y F B J Q
G M T U E S D A Y H A R D E T
U E M O N D A Y L D D I R R R
I V E B D G K Y U S N D E Y E
E O J U N E S N J F U A C O B
R N T H U R S D A Y S Y X D L
```

AUGUST	TUESDAY
APRIL	MARCH
CALENDAR	WEDNESDAY
SUNDAY	MONTH
FEBRUARY	NOVEMBER
JANUARY	OCTOBER
THURSDAY	SATURDAY
JULY	WEEK
JUNE	SEPTEMBER
MONDAY	FRIDAY

41 - Jardinage

```
Y H B E S S F E S E I C E P S
B H V I E O L T E U Q U O B F
D O B J E I O A A H V Z O C O
M J T S D L R M S Q P E B O L
D O F A S F A I O F M N E N I
R O I Z N G L L N R J P A T A
B J O S H I J C A N U Q Z A G
L X Q D T J C F L Q C R E I E
O D L R H U D A Z C D E K N S
S N E A T D R E L B I D E E O
S R A H X I Y E D F S T O R H
O J F C O M P O S T B R O P M
M L H R H B U M W A T E R X V
O W A O Q W T D I R T S D T E
Z V T D H V L F O C I Y H C Z
```

BOTANICAL	BLOSSOM
BOUQUET	FLORAL
CLIMATE	SEEDS
EDIBLE	MOISTURE
COMPOST	CONTAINER
WATER	SEASONAL
SPECIES	DIRT
EXOTIC	SOIL
FOLIAGE	HOSE
LEAF	ORCHARD

42 - Entreprise

```
C H O W I F M T N W E R I Y F
O S G T P A E R J Y M U N F I
M C J D Z C R A S V P S V K N
P I O E Z T C N Y Q L U E G C
A M A S J O H S E K O Q S I O
N O S E T R A A M V Y M T K M
Y N E C E Y N C P M E V M Q E
Y O X N G E D T L S E R E V L
Y C A A D P I I O G H I N A A
A E T N U T S O Y B Q O T N S
X G V I B U E N E S E Z P S Q
F G Q F F V H F R C A R E E R
I L K Z M O N E Y E W P B V M
T Q Y C N E R R U C D H G D H
G K P I Q M T P O F F I C E D
```

MONEY	ECONOMICS
SHOP	FINANCE
BUDGET	TAXES
OFFICE	INVESTMENT
CAREER	MERCHANDISE
COST	PROFIT
CURRENCY	INCOME
EMPLOYER	TRANSACTION
EMPLOYEE	FACTORY
COMPANY	SALE

43 - Activités

```
U  S  J  E  S  F  G  N  K  P  R  F  H  C  C
Y  T  C  W  Y  T  I  V  I  T  C  A  P  E  A
P  T  F  B  W  Y  R  S  Y  J  U  H  R  R  M
N  E  Z  W  Q  Q  T  P  H  F  P  E  E  A  P
W  R  Z  M  J  I  D  A  P  I  G  D  A  M  I
H  U  N  T  I  N  G  I  A  S  N  T  D  I  N
I  S  B  R  C  V  N  N  R  K  I  G  I  C  G
N  A  Q  G  C  W  I  T  G  I  N  N  N  S  L
T  E  Q  C  J  U  W  I  O  L  E  I  G  W  E
E  L  Y  F  J  Y  E  N  T  L  D  K  A  R  T
R  P  F  I  U  Y  S  G  O  V  R  I  D  B  J
E  R  U  S  I  E  L  D  H  A  A  H  T  G  G
S  T  F  A  R  C  B  O  P  Q  G  Q  X  R  M
T  M  A  G  I  C  Y  M  A  X  Y  N  D  I  A
S  Q  O  C  C  I  Q  G  A  M  E  S  O  T  D
```

ACTIVITY	GAMES
ART	READING
CRAFTS	LEISURE
CAMPING	MAGIC
CERAMICS	PAINTING
HUNTING	FISHING
SKILL	PHOTOGRAPHY
SEWING	PLEASURE
INTERESTS	HIKING
GARDENING	

44 - Mode

```
V T U A T T F Z Q C E L T E S
F A E X M T H A N V H A M M O
O N J B B F H Q B X L C I B P
E L Y T S S L G T R A I N R H
L U F S E L P M I S I T I O I
E T N E L G E P C O P C M I S
G H G D B W H X F K T A A D T
A R N O A S Z O P X U R L E I
N W I M D W O M B E A P I R C
T V H V R T R E N D N A S Y A
B U T T O N S L A C E S T K T
G F O G F T E X T U R E I H E
M Y L A F B O U T I Q U E V D
I B C L A N I G I R O Q L T E
P A T T E R N R E D O M K T J
```

AFFORDABLE
BOUTIQUE
BUTTONS
EMBROIDERY
EXPENSIVE
LACE
ELEGANT
MINIMALIST
MODERN
MODEST

PATTERN
ORIGINAL
PRACTICAL
SIMPLE
SOPHISTICATED
STYLE
TREND
TEXTURE
FABRIC
CLOTHING

45 - Fleurs

```
H D G I L L R B D K E J L G P
J I H F I D O O A H S A A A A
V H B Y L X S U F O W S V R S
T C D I Y M E Q F X O M E D S
U R W P S L S U O M F I N E I
L O Q N K C Y E D P R N D N O
I S T K O N U T I G E E E I N
P T U A A Z K S L Q W O R A F
T C E S I P O P P Y O B N D L
P E T A L C A L I L L J R Y O
B K G X O S L Q W E F U T S W
R S L I N N Z O T S N E M I E
G W X M G F Z T V R U C S A R
X I G S A S Q U U E S W M D D
C A V W M R G R H R R Z W M L
```

BOUQUET
GARDENIA
HIBISCUS
JASMINE
DAFFODIL
LAVENDER
LILAC
LILY
MAGNOLIA
DAISY

ORCHID
PASSIONFLOWER
POPPY
PETAL
PEONY
ROSE
SUNFLOWER
CLOVER
TULIP

46 - Nourriture #2

```
G K H Q Q C B T A E H W C B O
G R I G H S B E L P P A H R J
E U A W W N Q R M U F K E O B
D H X P I Q Q Y O C E V R C C
V Z I V E C I R N Y B C R C E
W N X L H C L E D W M D Y O E
S X Y A F T Z L B O O A I L T
S S J L I J T E A Z O E N I A
E H G M S C F C N O R R E G L
Y S P E H J S O A W H B K U O
E G G P L A N T N Q S X C B C
A M V P D Z F A A H U J I K O
H A M O B Q E M G G M N H X H
C D O O B R O O K S Z U C L C
N K Y I Z V C T K O M W Y F V
```

ALMOND	KIWI
EGGPLANT	MANGO
BANANA	EGG
WHEAT	BREAD
BROCCOLI	FISH
CHERRY	APPLE
CELERY	CHICKEN
MUSHROOM	GRAPE
CHOCOLATE	RICE
HAM	TOMATO

47 - Algèbre

```
N  S  I  M  P  L  I  F  Y  G  C  Z  Q  V  N
M  U  I  F  O  R  M  U  L  A  S  J  U  A  O
E  Y  M  A  R  G  A  I  D  J  O  L  A  R  Y
L  X  H  B  V  F  A  L  S  E  L  S  N  I  H
B  I  P  R  E  L  N  S  O  C  U  U  T  A  Q
O  R  A  O  S  R  S  I  H  M  T  B  I  B  V
R  T  R  T  N  Z  A  S  J  T  I  T  T  L  O
P  A  G  C  O  E  I  E  Y  D  O  R  Y  E  G
C  M  C  A  I  L  N  H  N  O  N  A  N  U  Q
Q  B  C  F  T  P  E  T  E  I  C  C  H  G  O
Z  M  Q  W  C  U  Y  N  F  Z  L  T  X  J  N
N  O  I  T  A  U  Q  E  T  I  N  I  F  N  I
Q  R  W  Z  R  J  S  R  W  B  N  O  K  I  J
S  E  L  J  F  O  E  A  O  X  P  N  V  B  H
J  Z  C  W  H  D  Y  P  U  P  I  Z  W  K  A
```

DIAGRAM	MATRIX
EXPONENT	NUMBER
EQUATION	PARENTHESIS
FACTOR	PROBLEM
FALSE	QUANTITY
FORMULA	SIMPLIFY
FRACTION	SOLUTION
GRAPH	SUBTRACTION
INFINITE	VARIABLE
LINEAR	ZERO

48 - Océan

```
J  U  Y  I  O  G  S  U  P  O  T  C  O  O  E
A  E  F  N  N  E  H  Y  T  L  A  S  F  C  W
D  C  L  N  D  T  R  W  U  U  X  J  P  C  Y
S  S  E  L  J  Q  I  H  N  I  H  P  L  O  D
F  E  E  R  Y  Z  M  Z  A  M  O  A  X  C  P
U  U  A  S  S  F  P  S  V  S  H  O  O  U  J
C  V  R  W  X  J  I  P  P  O  W  W  M  V  F
M  V  E  O  E  G  O  S  R  U  R  A  U  U  G
X  G  T  S  S  E  L  E  H  N  S  B  B  Q  G
C  H  S  I  F  L  D  V  P  G  K  K  L  F  C
R  G  Y  V  X  M  F  A  P  A  S  F  J  S  K
M  R  O  T  S  W  E  W  K  R  L  W  G  H  K
S  X  M  L  A  R  O  C  D  B  W  B  G  A  M
Y  D  P  S  P  O  N  G  E  L  A  H  W  R  R
T  U  R  T  L  E  B  A  R  C  X  K  A  K  U
```

SEAWEED	JELLYFISH
EEL	FISH
WHALE	OCTOPUS
BOAT	SHARK
CORAL	REEF
CRAB	SALT
SHRIMP	STORM
DOLPHIN	TUNA
SPONGE	TURTLE
OYSTER	WAVES

49 - Antiquités

```
S C U L P T U R E U L A V G I
R O A E A F R R C S V W K P N
Z X U V U E O I X T R X I V
W C C I T R S V R W T Y N D E
H F T T H N T Y P Z K U L O S
U E I A E I O R O R T N D E T
J M O R N T R Q U A L I T Y M
U E N O T U A D G N L Y D C E
N E W C I R T O Z A H M L C N
U L J E C E I Q C S L E W S T
S E K D L O O D H Y X L G O G
U G A K J R N C F B P E E K Z
A A A J X P Y R U T N E C R G
L N C O I N S B H R N W U O Y
W T S G N I T N I A P W A Y I
```

ART	PAINTINGS
AUTHENTIC	COINS
JEWELRY	PRICE
DECORATIVE	QUALITY
AUCTION	RESTORATION
ELEGANT	SCULPTURE
GALLERY	CENTURY
UNUSUAL	STYLE
INVESTMENT	VALUE
FURNITURE	OLD

50 - Boxe

```
K F V T V R E N R O C X M D K
V I L Q N W O B L E C K Z G R
U G S N Y N B P R E F E R E E
T H M O D N E V E Z E H X A N
S T N I O P L I R S D X L G K
I E G I B E L S T R E N G T H
F R L M H G X A K E N L H N R
F K O J V C K H W V T H G E E
U X V W J M I X A W U V W N C
V L E X U X C J D U I F N O O
R F S L L I K S G P S R Z P V
I O D H W O F W T O V T H P E
K C I U Q P K J J O X L E O R
P U D K B X Y V B G X S Y D Y
T S E I R U J N I Q H E K W E
```

OPPONENT	ELBOW
REFEREE	KICK
INJURIES	EXHAUSTED
BELL	STRENGTH
CORNER	GLOVES
FIGHTER	CHIN
SKILL	FIST
FOCUS	POINTS
ROPES	QUICK
BODY	RECOVERY

51 - Réchauffement Climatique

```
A  P  O  P  U  L  A  T  I  O  N  S  O  R  M
F  R  C  S  Z  S  C  I  E  N  T  I  S  T  A
O  B  C  U  V  C  K  L  R  T  M  X  U  H  P
S  T  A  T  I  B  A  H  U  N  A  S  N  Y  D
V  F  H  V  I  S  H  J  T  E  L  M  O  E  A
G  H  F  V  G  C  F  N  U  M  S  U  I  F  T
I  N  D  U  S  T  R  Y  F  N  Q  D  T  L  A
Z  L  A  N  O  I  T  A  N  R  E  T  N  I  C
T  N  E  M  P  O  L  E  V  E  D  N  E  A  Z
R  O  J  G  L  N  M  W  J  V  D  E  T  L  W
G  W  J  G  A  B  A  H  R  O  S  N  T  Q  N
V  A  W  U  R  X  Z  W  L  G  F  E  A  H  C
F  H  S  I  S  I  R  C  B  U  Y  R  J  M  Q
L  E  G  I  S  L  A  T  I  O  N  G  Z  H  A
G  E  N  E  R  A  T  I  O  N  S  Y  O  Q  N
```

ARCTIC	GENERATIONS
ATTENTION	GOVERNMENT
CLIMATE	HABITATS
CRISIS	INDUSTRY
DEVELOPMENT	INTERNATIONAL
DATA	LEGISLATION
ENERGY	NOW
FUTURE	POPULATIONS
GAS	SCIENTIST

52 - Ballet

```
C M R T E C H N I Q U E H E A
I H G E Q O R C H E S T R A U
T T O S H S C Y Z L A I L N D
S Y L R K E K B P Y E N A I I
I H O E E Q A I O T O T T R E
T R S C R O V R L S V E M E N
R Q R N U R G G S L A N U L C
A J X A T N T R J A B S S L E
A N L D S D Z N A L L I C A K
A L F X E D C A Y P E T L B N
E M X W G M U S I C H Y E F E
C O M P O S E R V J A Y S Q S
Q N D L I B A P P L A U S E O
E X P R E S S I V E V T J D H
G R A C E F U L Q V L O G K C
```

APPLAUSE

ARTISTIC

BALLERINA

CHOREOGRAPHY

SKILL

COMPOSER

DANCERS

EXPRESSIVE

GESTURE

GRACEFUL

INTENSITY

MUSCLES

MUSIC

ORCHESTRA

AUDIENCE

REHEARSAL

RHYTHM

SOLO

STYLE

TECHNIQUE

53 - Fruit

```
M P E A Q B R P Z K P C V A P
R E A N A N A B G U A V A P E
L P L P N P E G N A R O B P A
V A J O A A P R I C O T E L C
L R V Y N Y Y N W F G V R E H
R G G T S B A E I N N B R L D
A V O C A D O C K T A W Y P R
O G U Y G Z D T F Y M E R P T
Z P C L O M K A S T T A R A O
J N X Q Y N C R Z Z U A E E I
J U S Y K E V I J D H X H N V
A U T M C A X N O M E L C I F
O K W Z Y R R E B P S A R P Z
A C S I R K O M A K T S Z Q S
P A Y B Q W W M O P D Q S C R
```

APRICOT	KIWI
PINEAPPLE	MANGO
AVOCADO	MELON
BERRY	NECTARINE
BANANA	ORANGE
CHERRY	PAPAYA
LEMON	PEACH
FIG	PEAR
RASPBERRY	APPLE
GUAVA	GRAPE

54 - Technologie

```
V T B Y X G H Z B L E F W M A
V G V A I P D H F D R G R E V
S U X L K S D A T A B J H S P
C O M P U T E R O S R U C S W
I U F S O V L T N O F T R A F
T Z V I V B I E Y T Y J A G J
S E T D E I F R N B G P E E U
I M O A I D R N T U J K S R F
T B R R A I Z U L U L K E E Y
A R E M A C V J S P A V R S T
T S C R E E N D G R T L P W G
S E C U R I T Y G Z I B L O G
I N T E R N E T P T G H C R D
S O F T W A R E F Z I P S B O
F H S B T W Z U L D D E R Q U
```

DISPLAY	BROWSER
BLOG	DIGITAL
CAMERA	BYTES
CURSOR	COMPUTER
DATA	FONT
SCREEN	RESEARCH
FILE	SECURITY
INTERNET	STATISTICS
SOFTWARE	VIRTUAL
MESSAGE	VIRUS

55 - Musique

```
S  I  N  S  T  R  U  M  E  N  T  R  M  R  M
A  I  Y  Y  U  L  A  C  I  S  U  M  U  H  I
M  U  N  C  A  A  R  E  P  O  B  X  S  Y  C
Z  B  O  G  R  C  I  T  E  O  P  R  I  T  R
Z  S  M  K  E  I  M  M  E  S  N  H  C  H  O
G  F  R  Z  P  R  Y  Y  F  A  X  Y  I  M  P
C  U  A  C  D  Y  W  V  H  D  O  T  A  A  H
B  R  H  J  Y  L  A  C  O  V  C  H  N  O  O
T  D  G  N  I  D  R  O  C  E  R  M  E  V  N
C  E  Q  B  S  O  O  U  J  X  S  I  N  I  E
O  K  M  G  J  B  A  L  L  A  D  C  P  S  R
Z  Y  U  P  R  X  P  Q  E  Y  A  R  G  L  X
N  U  B  Z  O  K  F  N  O  M  K  Z  N  V  K
D  S  L  Y  S  N  H  A  R  M  O  N  I  C  J
C  L  A  S  S  I  C  A  L  P  P  O  S  T  J
```

ALBUM	MELODY
BALLAD	MICROPHONE
SING	MUSICAL
SINGER	MUSICIAN
CLASSICAL	OPERA
RECORDING	POETIC
HARMONY	RHYTHM
HARMONIC	RHYTHMIC
INSTRUMENT	TEMPO
LYRICAL	VOCAL

56 - Gouvernement

```
A K K V Y Y T R E B I L C J I
J J L K H K O I I K R Z O F N
O U U N J F C G B V Z X N E D
X Z T Q W L J H C E E P S S E
M N A T I O N T I F W X T T P
N O I S S U C S I D H A I A E
U D N D E M O C R A C Y T T N
J J X U J U D I C I A L U E D
K S Z U M S Y M B O L M T M E
P I H S N E Z I T I C X I X N
Y D Y C L A N O I T A N O C C
E Y T W S C I T I L O P N W E
R C T E O J U S T I C E V A C
S A N C I V I L U F E C A E P
L A W O E Q U A L I T Y E C I
```

CITIZENSHIP
CIVIL
CONSTITUTION
DEMOCRACY
SPEECH
DISCUSSION
RIGHTS
EQUALITY
STATE
INDEPENDENCE

JUDICIAL
JUSTICE
LIBERTY
LAW
MONUMENT
NATION
NATIONAL
PEACEFUL
POLITICS
SYMBOL

57 - Randonnée

```
H U P W B U D U O I Y H B O C
S A X F Y F F B S H D B X P L
I L N Z O R E H T A E W A Z I
T U U W U X G C B J R V A F M
Z F T D O E S L A M I N A T A
V M X W V M B U Y N T D S T T
T I M M U S F G N I P M A C E
C H O N F W A T E R I V Z W I
N A U S F G U I D E S K R A P
Y E N O I T A R A P E R P B U
V V T D L I W B N A H U E V C
F S A Z C S E N O T S B C L E
H G I E R U T A N O V K M C G
B S N R H J I I R I T M A C U
O R I E N T A T I O N S P G H
```

ANIMALS
BOOTS
CAMPING
MAP
CLIMATE
WATER
CLIFF
TIRED
GUIDES
HEAVY

WEATHER
MOUNTAIN
NATURE
ORIENTATION
PARKS
STONES
PREPARATION
WILD
SUN
SUMMIT

58 - Art

```
P E R S O N A L G A D U T C F
V S I G X D O P P N B P D O F
F K C C U L O B M Y S O N M R
M E R U G I F D S Q T E S P K
V T N M L A U S I V X T U L H
M O O D A P B T L O E R B E O
P Y I J X S T G A L E Y J X N
I A T L O O C U E J I X E G E
N R I A E T A E R C E M C A S
S T S N O I N D R E L G T X T
P R O I T C P U U A P K H U I
I O P G R I M P S N M B A P H
R P M I B R N V N K I I J N D
E D O R H W R G T Y S T C G N
D H C O X N O I S S E R P X E
```

CERAMIC   ORIGINAL
COMPLEX   PAINTINGS
COMPOSITION   PERSONAL
CREATE   POETRY
PORTRAY   SCULPTURE
EXPRESSION   SIMPLE
FIGURE   SUBJECT
HONEST   SURREALISM
MOOD   SYMBOL
INSPIRED   VISUAL

59 - Nutrition

```
H  L  K  C  B  J  W  E  I  G  H  T  G  G  C
S  E  I  I  O  E  U  C  Q  U  A  L  I  T  Y
P  D  A  Q  Q  Q  P  U  V  I  T  A  M  I  N
I  P  I  L  U  Q  U  A  N  B  W  U  J  W  E
C  R  P  G  T  I  I  S  S  I  H  X  A  R  X
E  O  B  Y  E  H  D  B  A  L  A  N  C  E  D
S  T  I  L  W  S  N  S  O  Y  S  I  L  F  C
M  E  T  Z  Y  H  T  L  A  E  H  X  Y  K  A
X  I  T  E  Y  T  E  I  K  M  N  O  B  V  L
X  N  E  I  X  F  C  S  O  N  D  T  R  Z  O
C  S  R  N  X  F  Y  D  E  N  W  E  G  E  R
L  Q  F  E  R  M  E  N  T  A  T  I  O  N  I
M  I  F  L  A  V  O  R  D  C  F  D  N  N  E
E  D  I  B  L  E  T  I  T  E  P  P  A  P  S
C  A  R  B  O  H  Y  D  R  A  T  E  S  G  R
```

BITTER
APPETITE
CALORIES
EDIBLE
DIET
DIGESTION
SPICES
BALANCED
FERMENTATION
CARBOHYDRATES

LIQUIDS
WEIGHT
PROTEINS
QUALITY
HEALTHY
HEALTH
SAUCE
FLAVOR
TOXIN
VITAMIN

60 - Créativité

```
V I T A L I T Y V K M I W M D
B S Y M R Z Y T I R A L C E R
A U T J C L R O S X U L I B A
H O I U Z T C K I L X I M Z M
I E C Q V A A M O W W K P S A
I N I D E A S M N V T S R A T
N A T I C V Y B S W V K E R I
T T N E V I T N E V N I S T C
U N E G N O I T A S N E S I R
I O H A E S D E Z S H P I S L
T P T M W N I S J N C P O T P
I S U I B I U T A A K L N I G
O U A X W N L J Y X R F N C G
N J C G W J F E M O T I O N S
I M A G I N A T I O N K C K I
```

ARTISTIC	IMAGINATION
AUTHENTICITY	IMPRESSION
CLARITY	INTENSITY
SKILL	INTUITION
DRAMATIC	INVENTIVE
EMOTIONS	SENSATION
FLUIDITY	SPONTANEOUS
IDEAS	VISIONS
IMAGE	VITALITY

61 - Science Fiction

```
E F R N P E U O P G W N W K O
X A O B B L T S J N A O N T B
T N B P J C A Q A U W L R K V
R T O Q G A M N F I R E A L V
E A T I M R E Z E K W N B X D
M S S R B O N U G T L X O G Y
E T E F W W I Q A T O M I C R
N I K C J I C B O O K S R U E
Y C M Y S T E R I O U S A T A
T E C H N O L O G Y T B N O L
F U T U R I S T I C P J E P I
V Z E X P L O S I O N M C I S
I M A G I N A R Y T D Q S A T
X I Z K N S K N O I S U L L I
B T O M L G H R G W J E T J C
```

ATOMIC
CINEMA
EXPLOSION
EXTREME
FANTASTIC
FIRE
FUTURISTIC
GALAXY
ILLUSION
IMAGINARY

BOOKS
WORLD
MYSTERIOUS
ORACLE
PLANET
REALISTIC
ROBOTS
SCENARIO
TECHNOLOGY
UTOPIA

62 - Professions #1

```
E  J  M  J  H  F  S  R  Z  I  B  K  E  H  R
D  O  C  T  O  R  I  C  C  B  M  M  D  U  E
J  E  W  E  L  E  R  O  I  Y  F  T  I  N  H
F  V  L  J  I  B  N  Y  B  E  A  S  T  T  P
B  I  T  W  Z  M  H  P  B  N  N  M  O  E  A
H  Z  R  B  B  U  Q  K  J  R  R  T  R  R  R
K  C  O  E  L  R  C  N  O  V  S  I  M  G
N  A  D  C  F  P  E  F  O  T  G  I  C  S  O
P  N  A  I  C  I  S  U  M  T  N  N  O  B  T
D  F  S  U  H  W  G  S  Y  A  U  A  A  A  R
A  Y  S  M  J  J  H  H  B  M  R  I  C  N  A
N  O  A  U  J  A  O  E  T  B  S  P  H  K  C
C  R  B  Z  E  V  M  S  Y  E  E  F  L  E  R
E  W  M  D  K  X  Y  R  M  R  R  H  Z  R  U
R  Y  A  R  C  A  S  T  R  O  N  O  M  E  R
```

AMBASSADOR	EDITOR
ASTRONOMER	NURSE
ATTORNEY	DOCTOR
BANKER	MUSICIAN
JEWELER	PIANIST
CARTOGRAPHER	PLUMBER
HUNTER	FIREFIGHTER
DANCER	SCIENTIST
COACH	

63 - Géologie

```
S N Z V P U Y A B T O N U C Y
T E T I T C A L A T S Z P A G
O T R F G X C U M T N R A H Q
N L A R O C A E L B Y E W P X
E O U C R V V V R F O S S I L
R M Q G I I E S O O B R J G C
F C V T G D R S W L S V G I R
P E L N O U N V K I C I C J Y
M I N E R A L S Z E F A O E S
U L K N E E U L G T Y V N N T
I A C I S T L A S S C A P O A
C Y G T Y A T J L F R L K Z L
L E R N E L T V X P J N V X S
A R L O G P O J A I O Z H T Y
C L J C J K N I Z A X E B L P
```

ACID
CALCIUM
CAVERN
CONTINENT
CORAL
LAYER
CRYSTALS
EROSION
MOLTEN
FOSSIL

GEYSER
LAVA
MINERALS
STONE
PLATEAU
QUARTZ
SALT
STALACTITE
VOLCANO
ZONE

64 - Jardin

```
I G I X O W I B T Z Q M C L Y
P V R W D O E D R A H C R O G
Q L N A E N I V A B U S H L A
T R E E S E K Y M T F L T R R
T E Z V M S D U P Z K A N A D
K W G P O N I S O Q C E J K E
Y O G O I H F I L H O S E E N
Y L I O S C S K I I M L A W N
C F A K P N H F N C M K G W U
J S H S L E J I E C A R R E T
I A D U A B K K C J H Z B G M
O Q X K X Z P U N P F K R V A
C J O V W W H A E G A R A G C
L G K A J C U U F E W P O N D
Q F Q Y Q I L V O X Y P M O J
```

TREE   WEEDS
BENCH   SHOVEL
BUSH   LAWN
FENCE   RAKE
POND   SOIL
FLOWER   TERRACE
GARAGE   TRAMPOLINE
HAMMOCK   HOSE
GRASS   ORCHARD
GARDEN   VINE

65 - Santé et Bien Être #1

```
D P T X L N E A P T M B H A A
U H I S G S T H O R U A U R C
J A P E F V I U S E S C N E T
Y R U J N I F G T A C T G F I
X M H E I G H T U T L E E L V
O A O E K O T D R M E R R E E
E C H D S U H I E E S I X X J
K Y L U E K E J N N E A S D Z
X A R X N E R C I T N D X M B
W X A H O L A Z C J O H Q B C
O N U Y B R P C I A M A I V L
D O C T O R Y Z D S R B I X I
V I R U S E M A E R O I A G N
E Y K C R D L J M J H T P A I
W F R A C T U R E Y R R G N C
```

ACTIVE	MEDICINE
BACTERIA	MUSCLES
INJURY	BONES
CLINIC	SKIN
HUNGER	PHARMACY
FRACTURE	POSTURE
HABIT	REFLEX
HEIGHT	THERAPY
HORMONES	TREATMENT
DOCTOR	VIRUS

66 - Barbecues

```
K D I P R U C T A M C C Q W W
T N I I R E R O S Q K H X X E
H E I N O T L M Y Y L I M A F
M T W V N I H A Q E E C C R S
G I O N E E L T W U M K G A I
K Q N E Y S R O W P O E W E D
Q T I U R F D E O P X N J P X
H S O A A W B S M W L R V Q I
O X N U T I I K U R E M M U S
T F S S E L B A T E G E V P E
C H I L D R E N L G Z S C E M
I C Z L B A I Y A N K A W P A
S N R I W U L Q S U B U E P G
U U I R A B X A V H Y C X E N
M L X G Y Z U O S R T E Q R K
```

HOT	GAMES
KNIVES	VEGETABLES
LUNCH	MUSIC
DINNER	ONIONS
CHILDREN	PEPPER
SUMMER	CHICKEN
HUNGER	SALADS
FAMILY	SAUCE
FRUIT	SALT
GRILL	TOMATOES

67 - Forêt Tropicale

```
C Q Y O C S C C N A T U R E P
K A S E X X Z P L G B H U T T
X B N L P K X S E I C E P S M
A M P H I B I A N S M X M U V
R Q K X R E S P E C T A S O A
M A M M A L S S O M D J T N L
C L O U D S A R S C A T C E U
J U N G L E I C N H F K E G A
S Q Q Q I L A V I V R U S I B
C O M M U N I T Y N B V N D L
D I V E R S I T Y N A I I N E
R E S T O R A T I O N T R I Q
P R E S E R V A T I O N O D L
C D Q D W R H Y V J P O K B S
R E F U G E Z G R G M S A L V
```

AMPHIBIANS	MOSS
BOTANICAL	NATURE
CLIMATE	CLOUDS
COMMUNITY	BIRDS
DIVERSITY	VALUABLE
SPECIES	PRESERVATION
INDIGENOUS	REFUGE
INSECTS	RESPECT
JUNGLE	RESTORATION
MAMMALS	SURVIVAL

68 - Insectes

```
X  B  L  H  C  A  O  R  K  C  O  C  S  A  D
D  E  A  O  X  M  T  L  B  Q  R  S  U  P  R
K  E  R  R  G  Q  I  B  U  K  Z  J  G  H  A
B  Q  V  N  J  R  U  R  T  Q  N  I  R  I  G
W  E  A  E  F  A  Q  G  T  Y  J  K  A  D  O
W  A  E  T  N  A  S  P  E  Z  L  H  S  F  N
C  D  S  T  L  M  O  M  R  O  W  P  S  L  F
K  A  W  P  L  O  M  K  F  M  R  C  H  E  L
M  C  L  D  J  E  C  G  L  T  Y  N  O  A  Y
O  I  N  H  T  D  U  U  Y  N  U  M  P  W  Y
R  C  W  J  H  X  G  B  S  K  O  T  P  L  N
T  E  R  M  I  T  E  Y  R  T  D  N  E  U  C
M  A  N  T  I  S  M  D  K  L  X  O  R  G  Q
F  B  B  E  O  Y  O  A  U  U  A  J  N  I  C
U  H  G  N  A  T  O  L  X  B  O  O  P  L  R
```

BEE	MANTIS
COCKROACH	GNAT
CICADA	MOSQUITO
LADYBUG	BUTTERFLY
LOCUST	FLEA
ANT	APHID
HORNET	GRASSHOPPER
WASP	BEETLE
LARVA	TERMITE
DRAGONFLY	WORM

69 - Ferme #1

```
K M G J D W D P R B Z A F E T
P A T I M O R U L E C N E F X
W W F J S H N Z L E X L R L P
Y L B I S O N K I Y Q Z T A O
N A E S W S K O E F Y P I C F
E T E Y A H C G G Y T J L P I
K L F X T F O O F A X W I V E
C R O W E V L D W K R D Z Y L
I W S U R Q F C A T I S E P D
H Z U T C X F J G D C G R N W
C U C K J R M P D Y E N O H B
Z M B T M Q Y T X T G B I A V
A U A G J J F N Q K W Q B S T
N H D B I O D T D J D D S D J
A G R I C U L T U R E S R O H
```

BEE	CROW
AGRICULTURE	WATER
DONKEY	FERTILIZER
BISON	HAY
FIELD	HONEY
CAT	CHICKEN
HORSE	RICE
GOAT	FLOCK
DOG	COW
FENCE	CALF

70 - Café

```
K V A R I E T Y U T Q S A U B
G N I N R O M E X Z N S K Q E
R R F M D L N M K G P J C V V
O E I Z E F B P A C I D I C E
A T B N I G I R O M A E R C R
S T R J D I U Q I L M L J I A
T I F I L T E R H H O G B S G
E B R F L A V O R O R V O E E
D F A O P C M I L K A V H J Z
P L O H U R E I L J E Q Z F
K S Y V C A I J H B E L Y H N
Z N V H H G E C K D C Y P U K
Z V T Q O U E U E I S L V V G
F J H W S S W A T E R Q T S Q
M N M B A C A F F E I N E N C
```

ACIDIC	MORNING
BITTER	GRIND
AROMA	BLACK
BEVERAGE	ORIGIN
CAFFEINE	PRICE
CREAM	ROASTED
WATER	FLAVOR
FILTER	SUGAR
MILK	CUP
LIQUID	VARIETY

71 - Antarctique

```
T O P O G R A P H Y H E K R Z
X T N E N I T N O C F R N A I
G N O I T I D E P X E U M W Q
R E H C R A E S E R R T D C S
P M O G L A C I E R S A N I Q
E N W G H W I T X O Q R M J T
N O A A R C I F I T N E I C S
I R R F T A I S Y E J P N Q E
N I T X F E P A U C E M E I L
S V X I Z A R H E O U E R C A
U N Z A E P M R Y X U T A E H
L E P H O A O U A K P P L P W
A M S K O P B F B E C Z S S A
M I G R A T I O N Q Z O Z S Q
I S L A N D S S U B S D R I B
```

BAY
WHALES
RESEARCHER
CONTINENT
WATER
ENVIRONMENT
EXPEDITION
GEOGRAPHY
ICE
GLACIERS

ISLANDS
MIGRATION
MINERALS
BIRDS
PENINSULA
ROCKY
SCIENTIFIC
TEMPERATURE
TOPOGRAPHY

72 - Professions #2

```
I  P  H  Y  S  I  C  I  A  N  C  R  T  I  P
X  N  P  H  I  L  O  S  O  P  H  E  R  L  H
X  A  V  E  N  G  I  N  E  E  R  H  E  L  O
A  I  R  E  H  C  A  E  T  F  M  C  N  U  T
X  R  O  V  N  P  A  I  N  T  E  R  E  S  O
P  A  B  I  O  T  B  T  J  Q  A  A  D  T  G
N  R  H  T  E  S  O  I  O  C  T  E  R  R  R
D  B  W  C  G  I  W  R  O  Q  R  S  A  A  A
L  I  E  E  R  U  Q  M  T  L  M  E  G  T  P
I  L  D  T  U  G  P  A  D  R  O  R  V  O  H
Q  N  G  E  S  N  A  F  T  X  I  G  I  R  E
P  V  P  D  A  I  U  M  J  R  K  Y  I  P  R
T  S  I  G  O  L  O  O  Z  Y  D  D  V  S  Z
J  O  U  R  N  A  L  I  S  T  O  L  I  P  T
A  S  T  R  O  N  A  U  T  S  I  T  N  E  D
```

ASTRONAUT	INVENTOR
LIBRARIAN	GARDENER
BIOLOGIST	JOURNALIST
RESEARCHER	LINGUIST
SURGEON	PHYSICIAN
DENTIST	PAINTER
DETECTIVE	PHILOSOPHER
TEACHER	PHOTOGRAPHER
ILLUSTRATOR	PILOT
ENGINEER	ZOOLOGIST

73 - Les Abeilles

```
L S B H S F R U I T R W R S M
D T B A Y T I S R E V I D U N
J K K B U U X O E S I N A N T
Y H B I S T N A L P N G P R Q
B Q T T M R Q N U V S S O B Z
E L J A O W A X Y P E X J G E
Q N O T K X F H X O C I E U P
P U I S E A U I F L T K O Y A
D F E R S A E V O L S M G N X
D D Y E N O H E O E D W P E E
R U N W N L M Q D N F V A D R
T L V O E C O S Y S T E M R S
S S W L A I C I F E N E B A M
P D T F F H P Z F H J N N G Z
J R Q G K H G H V D Q D K L D
```

WINGS	HABITAT
BENEFICIAL	INSECT
WAX	GARDEN
DIVERSITY	HONEY
SWARM	FOOD
ECOSYSTEM	PLANTS
BLOSSOM	POLLEN
FLOWERS	QUEEN
FRUIT	HIVE
SMOKE	SUN

74 - Santé et Bien Être #2

```
S Q A D C H T M H U D B O E G
T B P P T U W F A O R X N N E
R K N P P U T H W S B C G E N
E R C V H E E I K S S L O R E
S D E U Y H T L A E H A Y G T
S E I C D H U I M S A T G Y I
H H R D O O L B T A N I R E C
Y Y O B B V G S W E A P E V S
G D L G O H E G J S T S L I N
I R A Z E L Y R A I O O L T K
E A C Y G Z D Y Y M H A A D
N T W Y U C M Y N J Y S H M P
E I I N F E C T I O N U S I O
G O W E I G H T N S V L V N X
H N O I T I R T U N H F D H L
```

ALLERGY
ANATOMY
APPETITE
CALORIE
BODY
DEHYDRATION
ENERGY
GENETICS
HOSPITAL
HYGIENE

INFECTION
DISEASE
MASSAGE
NUTRITION
WEIGHT
RECOVERY
HEALTHY
BLOOD
STRESS
VITAMIN

75 - Conduite

```
G R O A D S X S N T K M T D A
P Y A I U T D N O Q T O U A C
A E N N B R O T O M R T N N C
M V D Q P E C I L O P O N G I
K P X E C E Y A F L E R E E D
C K G J S T H Z F Z Z C L R E
J Z B E X T N O G Y L Y X A N
T L V V S A R W S O D C Z C T
R I E Z K C S I W P F L K R M
U C F Q E G A R A G E E X G F
C E I U O V F J N N L E G A S
K N E E E R E Z M K H L D X R
N S R P C L T B R A K E S H Q
J E M D S S Y O K X M Q U U G
T R A F F I C X X E K H M W J
```

ACCIDENT	MOTORCYCLE
TRUCK	PEDESTRIAN
FUEL	POLICE
MAP	ROAD
DANGER	STREET
BRAKES	SAFETY
GARAGE	TRAFFIC
GAS	TUNNEL
LICENSE	SPEED
MOTOR	CAR

76 - Plantes

```
F E R T I L I Z E R P C V T F
M O S S C D T G G P Y C U T O
J C N P N A E B O W G E W M R
Y Q G R O W C H C G P U C X E
U T F E I B Y T K Q R E F A S
P H X W T X A V U C K R W M T
D R A O A H D M C S R O O T K
W E A L T Q U I B B O T A N Y
D A J F E I U E F O A U F E F
A I U Q G L R A R I O G L D Z
P W Y F E P T J H V O N O R C
J T R V V E R U X Y W B R A X
V E R M E T G R A S S U A G O
X U E E G A I L O F T S J M U
L E B F E L E Z K W X H U C D
```

TREE
BERRY
BAMBOO
BOTANY
BUSH
CACTUS
FERTILIZER
FOLIAGE
FLOWER
FLORA

FOREST
GROW
BEAN
GRASS
GARDEN
IVY
MOSS
PETAL
ROOT
VEGETATION

77 - Ferme #2

```
S  M  D  M  B  F  K  V  W  J  D  O  Z  C  K
F  B  E  L  B  A  T  E  G  E  V  M  Y  H  E
P  A  M  A  L  L  R  F  R  U  I  T  O  U  Y
W  T  R  B  D  W  P  O  K  A  A  I  N  L  E
H  F  X  M  F  O  N  T  T  S  M  L  D  L  L
E  C  S  A  E  C  W  J  K  C  U  D  T  B  R
A  U  O  L  R  R  G  M  S  L  A  M  I  N  A
T  B  E  E  H  I  V  E  H  S  U  R  H  C  B
U  N  T  F  G  L  K  V  E  H  P  G  T  O  A
T  K  K  G  Q  U  S  O  E  E  B  D  Z  R  R
W  G  R  W  T  I  I  W  P  P  O  J  H  N  N
Q  F  Q  A  A  X  D  R  A  H  C  R  O  F  M
C  J  J  M  H  Q  X  Q  D  E  Z  T  H  L  I
K  O  N  O  I  T  A  G  I  R  R  I  U  J  L
Z  F  O  O  D  I  W  I  O  D  I  W  G  G  K
```

LAMB
FARMER
ANIMALS
SHEPHERD
WHEAT
DUCK
FRUIT
BARN
IRRIGATION
MILK

LLAMA
VEGETABLE
CORN
SHEEP
FOOD
BARLEY
MEADOW
BEEHIVE
TRACTOR
ORCHARD

78 - Éthique

```
R O V L E E H X V M E C I V K
I A S M I T N U R J L N T A I
N Y T S E N O H M J B U O L N
D T P I N E I Q M A A J L U D
I I H M O C S I E X N C U E N
V R I I I N S J O K O I F S E
I G L T T A A H M U S T T R S
D E O P A R P L S Y A A C Y S
U T S O R E M Q I A E M E T W
A N O L E L O V L T R O P I I
L I P Y P O C R A Z Y L S N S
I X H M O T C L E N Y P E G D
S S Y U O Z C B R F W I R I O
M X J E C N E I T A P D G D M
F A L T R U I S M B J G X X I
```

ALTRUISM
COMPASSION
COOPERATION
DIGNITY
DIPLOMATIC
KINDNESS
HONESTY
HUMANITY
INDIVIDUALISM
INTEGRITY

OPTIMISM
PATIENCE
PHILOSOPHY
REASONABLE
RATIONALITY
RESPECTFUL
REALISM
WISDOM
TOLERANCE
VALUES

79 - Maison

```
B C I T T A K E Y S T Z J H L
A F E C N E F S O L E P M Z C
G S N I A T R U C Y I T T M K
U A X E L R O C W F W R Z X E
R X R Z J I L T O B P Q Q L F
A B Y A A F N E D R A G C F P
A L V F G F L G N E H C T I K
W Q P O S E I Q I I I U A R S
W A L L P P B Z W Q O A D M H
Y V A U A M R Q V C J M T I O
T X V W E C A L P E R I F R W
D O O R B C R L R N K X G R E
P J B X I O Y T O L U T P O R
R O O M O O R B O M T Q J R F
Z W J Z W T T W F W C T C Y V
```

BROOM	ATTIC
LIBRARY	GARDEN
ROOM	LAMP
FIREPLACE	MIRROR
KEYS	WALL
FENCE	CEILING
KITCHEN	DOOR
SHOWER	CURTAINS
WINDOW	RUG
GARAGE	ROOF

80 - Famille

```
U B R O T H E R L Y Y M P G S
W N X X R E H T A F D N A R G
Q I C C H I L D H O O D T M W
O S F L D A U G H T E R E A T
M U I E E C E I N C D E R T A
N O M C H I L D R E N H N E N
T C H B L A M D J M A T A R C
N E P H E W T N X D B A L N E
U L T M M S F Y B P S F Y A S
A A P W O P I F Z S U O G L T
A J G S T T I S X Y H L F F O
N A I U H A W G T C H I L D R
X X X B E A P A M E B T V S D
K W E S R N A K A R R A T R K
G R A N D M O T H E R Q J J Y
```

ANCESTOR   HUSBAND
COUSIN   MATERNAL
CHILDHOOD   MOTHER
CHILD   NEPHEW
CHILDREN   NIECE
WIFE   UNCLE
DAUGHTER   PATERNAL
BROTHER   FATHER
GRANDMOTHER   SISTER
GRANDFATHER   AUNT

81 - Oiseaux

```
O C P A R R O T P D R P T T E
D S R H W D X J A Z K X K M B
M L T O N P S A D B B R H K F
R W W R W C X Z P N W N Q F K
U N E N I U G N E P C N S C R
U L S O K C U D L I N T S P Q
G D R E S H H W I G S W A N B
R O J G G E Y R C U S O O E Y
F C N I Y S G P A L Q R C K D
U G A P S O Q H N L V R U C M
P H C K C O C A E P I A C I D
U J U E L G A E J R I P K H D
S T O R K D O V E R O S O C A
M Q T O T S H J X C U N O N I
Q H A J U U X A W B X Y T F H
```

EAGLE	SPARROW
OSTRICH	GULL
DUCK	EGG
STORK	GOOSE
DOVE	PEACOCK
CROW	PARROT
CUCKOO	PELICAN
SWAN	PIGEON
HERON	CHICKEN
PENGUIN	TOUCAN

82 - Disciplines Scientifiques

```
N R P H P M I N E R A L O G Y
V S I M M U N O L O G Y Z D B
B C Y Y G O L O R U E N J Y O
L I N G U I S T I C S Q P B T
P N A O O C H E M I S T R Y A
S A S L H L R O B O T I C S N
Y H T O C J O K E F N O X I Y
C C R I M E T E O R O L O G Y
H E O C Y H G A H R F Z E M
O M N O G E G A A H H Z M C O
L C O S O N O C V Z C Y Z O T
O V M R L K L U N Y M R T L A
G Q Y G O L O I S Y H P A O N
Y R T S I M E H C O I B X G A
V H T X B Y G O L O O Z Y Y J
```

ANATOMY
ARCHAEOLOGY
ASTRONOMY
BIOCHEMISTRY
BIOLOGY
BOTANY
CHEMISTRY
ECOLOGY
GEOLOGY
IMMUNOLOGY

LINGUISTICS
MECHANICS
METEOROLOGY
MINERALOGY
NEUROLOGY
PHYSIOLOGY
PSYCHOLOGY
ROBOTICS
SOCIOLOGY
ZOOLOGY

83 - Maladie

```
S R E S P I R A T O R Y R U Q
N Y I N F L A M M A T I O N M
E L N A L L E R G I E S N B U
U U U D N L W E L L N E S S I
R C U L R T U Y E H T L A E H
O Y Y C E O B M O Y E T N A H
P K P H D Z M Z B R X A M V E
A B O D Y V D E K A E W R Y R
T V S U G S C L T N R X M T E
H G E N E T I C H O V P M I D
Y J N C Y L N S E M Y J E N I
D H O S W N O F R L I A B U T
X C B V C P R M A U H L P M A
Q Z D M G P H W P P K Y L M R
T S P G X G C E Y Z L U L I Y
```

ALLERGIES	INFLAMMATION
WELLNESS	LUMBAR
CHRONIC	NEUROPATHY
BODY	BONES
HEART	PULMONARY
WEAK	RESPIRATORY
GENETIC	HEALTH
HEREDITARY	SYNDROME
IMMUNITY	THERAPY

84 - Émotions

```
T A G Y H T A P M Y S Q G I J
K E H M O K F E F M F T L Z O
I X N O S S Y A R A E F S F Y
N T U D D G D C M E G M Y Z L
D A T E E C R E V O L L X G H
N N S R T R Z A Z G V A E E Y
E G U O I T N E T N O C X D Q
S E R B C L M E I E P L J E Z
S R P S X X N Q S Q F I V I D
D C R R E L I E F S Q U V F L
Y T I L I U Q N A R T B L S E
Y G S E C S A D N E S S X I K
A A E X C K W W Z C Y Z O T Y
E M B A R R A S S E D J R A F
F D M X I C S U T D C U Z S E
```

LOVE
CALM
ANGER
CONTENT
RELAXED
EMBARRASSED
BOREDOM
EXCITED
KINDNESS
JOY

PEACE
FEAR
GRATEFUL
RELIEF
SATISFIED
SURPRISE
SYMPATHY
TENDERNESS
TRANQUILITY
SADNESS

85 - Géographie

```
W O R L D W C E R U N T X C C
J L H S N E Y R T N U O C O I
H F U C F S H E Q W L G U N T
K M V A Y T A H W A H C R T Y
A T L A S Z Y P I O X I V I F
R E G I O N Y S I O W R C N T
N G I W X A G I I V K D C E F
A S R Z N F N M C S D U L N R
I L E M S E A E I V L B P T I
D R T N O R T H P C F A P F V
I R N I A T N U O M G D N O E
R Y R O T I R R E T C I M D R
E M C E G U Q H O C E A N A Q
M M H Z Y P D P K Y J N M D P
S O U T H U W E D U T I T A L
```

ALTITUDE	WORLD
ATLAS	MOUNTAIN
MAP	NORTH
CONTINENT	OCEAN
RIVER	WEST
HEMISPHERE	COUNTRY
ISLAND	REGION
LATITUDE	SOUTH
SEA	TERRITORY
MERIDIAN	CITY

86 - Danse

```
C I S U M P K K F F I J T D A
Z H K N V I S U A L X V U Z J
T E O E J E P H O R M L J L E
N R M R J U M P J O K Y R R B
E R A O E R U T S O P O R H G
M E V D T O C U L T U R E Y R
E H Y I I G J M R M U N T A
V E M V J T O R Q A O J T H C
O A E N W H I N A E C R R M E
M R D L U F Y O J P Q A A M C
D S A B W A J M N E H U P A A
L A C I S S A L C A N Y D O B
G L A R U T L U C V L I F E K
N U R B E X P R E S S I V E B
Y L N N S Z Q S X E M W E E O
```

ACADEMY
ART
CHOREOGRAPHY
CLASSICAL
BODY
CULTURE
CULTURAL
EXPRESSIVE
EMOTION
GRACE

JOYFUL
MOVEMENT
MUSIC
PARTNER
POSTURE
REHEARSAL
RHYTHM
JUMP
TRADITIONAL
VISUAL

87 - Bâtiments

```
U C C A S T L E E V J H M H O
N A M E N I C E G F R O G E B
I B E F I H M T O V K T R B S
V I R N A K E D W L U E E I E
E N Z N Q C S W T X P L T M R
R E W O T J H O S P I T A L V
S L T S U P E R M A R K E T A
I U T N U S C H O O L B H G T
T M E M B A S S Y K J G T A O
Y U A L A B O R A T O R Y R R
E I N J M U S E U M N I Z A Y
I D F A C T O R Y F K E D G K
C A P A R T M E N T S R T E M
W T Z N V A B A R N M R H B V
O S I E X W D J W D Z Y Y S E
```

EMBASSY
APARTMENT
CABIN
CASTLE
CINEMA
SCHOOL
GARAGE
BARN
HOSPITAL
HOTEL

LABORATORY
MUSEUM
OBSERVATORY
STADIUM
SUPERMARKET
TENT
THEATER
TOWER
UNIVERSITY
FACTORY

88 - Activités et Loisirs

```
B A S E B A L L K S Y S U R H
L L L A B Y E L L O V W J E W
C A M P I N G Z G C K I N L R
W Q N P Q S M F A C L M S A A
D J E A O Z G T K E E M H X C
H I A R K A K N R R J I I I I
W G V T H O B B I E S N K N N
S P F I G O L F F X P G I G G
I U Q G N I H S I F O F N T T
P C R D M G H I N R O B G Y H
P Y D F G A R D E N I N G Y Q
V K E W I B A S K E T B A L L
G K P A H N T E N N I S Z A C
T R A V E L G N I T N I A P F
E R S U M D O L B C I G S Z X
```

ART
BASEBALL
BASKETBALL
BOXING
CAMPING
RACING
SOCCER
GOLF
GARDENING
SWIMMING

HOBBIES
PAINTING
FISHING
DIVING
HIKING
RELAXING
SURFING
TENNIS
VOLLEYBALL
TRAVEL

89 - Livres

```
R P H K A E A D V E N T U R E
E B A S V G V L I T E R A R Y
A W W G M D C I G A R T H W Y
D N F B E H I S T O R I C A L
E R T E O W R E J N X O I O E
R H Q P P K M V R A E K P E V
K A K Y R T E O P R H V E E O
R O H T U A Q Z C R P U N E N
E V J I S T O R Y A B U U I W
L Z D L G V Y Y E T B Q M C Y
E R R A F A Y L B O V X J Z B
V H L U F E K U F R H M F H Y
A Q T D C O L L E C T I O N Z
N H U M O R O U S S E R I E S
T X T C O N T E X T M B S V H
```

AUTHOR
ADVENTURE
COLLECTION
CONTEXT
DUALITY
EPIC
STORY
HISTORICAL
HUMOROUS
INVENTIVE

READER
LITERARY
NARRATOR
PAGE
RELEVANT
POEM
POETRY
NOVEL
SERIES
TRAGIC

90 - Pays #2

```
M  U  R  E  F  H  H  Z  P  P  I  B  J  U  G
E  P  G  Z  T  D  A  F  A  C  N  T  E  N  Q
X  A  F  A  I  L  A  M  O  S  D  J  I  T  N
I  K  T  Y  N  A  P  A  J  O  O  A  K  A  Q
C  I  A  N  A  D  U  S  C  A  N  M  W  I  H
O  S  L  E  C  N  A  R  F  L  E  A  T  R  L
U  T  B  K  V  O  N  W  D  N  S  I  Z  Y  E
K  A  A  R  M  E  I  Y  X  P  I  C  A  S  B
R  N  N  A  G  N  H  H  Z  H  A  A  F  F  A
A  A  I  M  W  S  C  I  R  E  L  A  N  D  N
I  H  A  N  R  U  S  S  I  A  I  B  T  K  O
N  T  Y  E  X  F  K  S  P  R  K  E  P  I  N
E  E  O  D  Z  U  N  U  Q  C  W  D  L  P  O
N  W  Y  K  T  P  G  B  X  S  M  Q  U  C  F
W  L  K  W  O  X  V  W  Q  N  S  K  C  R  G
```

ALBANIA	LAOS
CHINA	LEBANON
DENMARK	MEXICO
FRANCE	UGANDA
HAITI	PAKISTAN
INDONESIA	RUSSIA
IRELAND	SOMALIA
JAMAICA	SUDAN
JAPAN	SYRIA
KENYA	UKRAINE

91 - Fournitures d'Art

```
C  C  R  E  A  T  I  V  I  T  Y  Y  Z  G  F
H  F  G  N  S  E  O  Q  V  K  M  B  M  S  O
A  V  L  P  P  R  C  P  E  N  C  I  L  S  I
R  E  R  S  A  A  H  P  Z  L  I  V  S  I  T
C  E  D  W  P  S  A  J  S  E  S  E  C  A  S
O  U  T  Y  E  E  I  B  C  I  L  Y  R  C  A
A  L  M  A  R  R  R  D  H  O  E  K  J  B  R
L  G  B  L  W  G  F  T  K  L  L  E  S  A  E
I  N  K  C  W  C  O  S  H  O  C  O  M  W  M
W  A  T  E  R  C  O  L  O  R  S  V  R  L  A
F  F  B  T  C  U  D  E  R  P  Q  W  G  S  C
M  U  Q  J  C  G  R  T  D  M  T  N  M  Y  U
I  D  E  A  S  E  H  S  U  R  B  B  C  R  F
V  T  W  T  E  T  I  A  P  Z  T  W  D  V  N
O  I  L  G  T  P  S  P  T  A  B  L  E  Q  B
```

ACRYLIC	PENCILS
WATERCOLORS	CREATIVITY
CLAY	WATER
BRUSHES	INK
CAMERA	ERASER
CHAIR	OIL
CHARCOAL	IDEAS
EASEL	PAPER
GLUE	PASTELS
COLORS	TABLE

92 - Jazz

```
S N P K W E V K J V S N E L A
C O X H P A N F D M H T Y H R
O I L Q Y J E H R J Y P Y O T
N T C O D H W S C Z D G D L S
C A I O I I B X O G E N R E E
E S S A M F P Y S M V O E U H
R I U R F P A L B U M S S Q C
T V M T A M O B O N Z M O I R
N O R I V N L S F D L U P N O
E R O S O G Y U I K K R M H X
L P L T R F I O Y T C D O C O
A M D V I W X M K W I I C E G
T I O U T G G A N C W O Y T J
B W I F E M Q F A W V V N B V
B W I U S L M W T M E E Q Z I
```

ALBUM
ARTIST
FAMOUS
SONG
COMPOSER
COMPOSITION
CONCERT
FAVORITES
GENRE
IMPROVISATION

MUSIC
NEW
ORCHESTRA
RHYTHM
SOLO
STYLE
TALENT
DRUMS
TECHNIQUE
OLD

93 - Paysages

```
S W A M P V V V D I Q B X H G
R F L J C W P E N I N S U L A
I S L A N D E F Z Q Y D G L R
I G A R L P O R X T W V N I D
C V F B I F B J M I N N C H N
E Y R A U T S E J V B L P C U
B L E H N V R N C I A B P A T
E T T M M H R J N P A L L E S
R C A R O G L A C I E R L B P
G T W X J U S C B A S L C E R
B R I V E R N C N F I F A U Y
O P J N Z A R T R E S E D K W
G E Y S E R L U A C A V E O E
G A P P Q R X V N I O Z F H C
V O L C A N O E I Q N G O T S
```

WATERFALL
HILL
DESERT
ESTUARY
RIVER
GEYSER
GLACIER
CAVE
ICEBERG
ISLAND

LAKE
SWAMP
SEA
MOUNTAIN
OASIS
PENINSULA
BEACH
TUNDRA
VALLEY
VOLCANO

94 - Pays #1

```
X A E P T J R O B L M E W H F
M R T H N I C A R A G U A J I
O G V I R A I G E R M A N Y N
A E V L M F N H A O I Y U Y L
T N I I O G D P I D B B O V A
F T S P R H I E G A Q I B U N
O I R P O A A L Z U C L L Y D
G N A I C N Z I R C A R Y A V
P A E N C I P Z Q E N X G W M
Z O L E O S K A I N A M O R O
N F L S Q T M R N I D G U O G
X H N A J A B B N A A L R N F
E Y H S N N M O G P M F D Z H
O G F O C D H J I S A A B Z L
V E N E Z U E L A T T X B A J
```

AFGHANISTAN	LIBYA
GERMANY	MALI
ARGENTINA	MOROCCO
BRAZIL	NICARAGUA
CANADA	NORWAY
SPAIN	PANAMA
ECUADOR	PHILIPPINES
FINLAND	POLAND
INDIA	ROMANIA
ISRAEL	VENEZUELA

95 - Nombres

```
E E B T Z B Z X S F W W Q E Y
T P M T B D K A E D O L S B Q
X Y Z L T E R E V T Q A C V C
Z W G C U H I K E N Z M I F M
H O K Y N J R G N E Y I M E L
E A F S L O U E H E T C N N H
U V G E Q T N E T N E V E S H
K X S O B B C B R F E D Y E T
T H I R T E E N F I W E S T G
Z P R S V V W Q D F T I N E B
M O O A Q L F O U R T E E N N
E I G H T E B K E U E F T I I
C E E B O W T U Y O R E Z N N
W R N E E T X I S F Q Z T Z E
M F I V E U S X O F J D O C O
```

FIVE	FOURTEEN
TWO	FOUR
DECIMAL	FIFTEEN
TEN	SIXTEEN
EIGHTEEN	SEVEN
NINETEEN	SIX
SEVENTEEN	THIRTEEN
TWELVE	THREE
EIGHT	TWENTY
NINE	ZERO

96 - Psychologie

```
I E M O T I O N S B E A P D N
K U D V F S E G O E X P E R C
U S T H G U O H T H P P R E L
T S S G W O B I J A E O S A I
S E U B C I W X C V R I O M N
R N O B Q C D U Z I I N N S I
E S I J W S L E A O E T A O C
A A C Z I N C I A R N M L O A
L T S M T O J O W S C E I Y L
I I N E K C F S N F E N T P Y
T O O E Q B T P S F S T Y A A
Y N C V E U G F M E L B O R P
G T N E M S S E S S A I C E T
P Y U C H I L D H O O D C H W
P E R C E P T I O N H L V T D
```

CLINICAL   THOUGHTS
BEHAVIOR   PERCEPTION
CONFLICT   PERSONALITY
EGO   PROBLEM
CHILDHOOD   APPOINTMENT
EXPERIENCES   REALITY
EMOTIONS   DREAMS
ASSESSMENT   SENSATION
IDEAS   SUBCONSCIOUS
UNCONSCIOUS   THERAPY

97 - Nature

```
D L I W I L A T I V Z S G O F
Y B N K E N E R E S A A L E T
N N B K M X J E C B K U A G R
A P U E Y D E S K T A M C C O
M R I R E T L E H S I W I L P
I L C R J W X D A O M C E O I
C B T Y R A U T C N A S R U C
B Y S R F L C B H A I Y H D A
E C W O B S G P O R L M Y S L
R Z W P H E G A I L O F A O G
O X R P C E A C T S D P B L X
S T E H K B L U F E C A E P S
I T B Y X J C W T S E R O F L
O Z A G H Q I M D Y R I V E R
N T M W D E B H B Y Z I N T R
```

BEES	RIVER
SHELTER	FOREST
ANIMALS	GLACIER
ARCTIC	CLOUDS
BEAUTY	PEACEFUL
FOG	SANCTUARY
DESERT	WILD
DYNAMIC	SERENE
EROSION	TROPICAL
FOLIAGE	VITAL

98 - Chimie

```
M O L E C U L E L V D B G M S
I C U N I L O E N I R O L H C
O N W I M Y I Y N H Q Z V G U
N R Y L O W E I G H T U X C S
K T T A T T B Y X T C M I A A
U X P K A P J N K Q R Z R D L
M M C L W Z K N O B R A C J T
K M I A P T C I Z X Z G B V Q
E N Z Y M E S A G G Y I M K P
M C T R G T D Y G N S G S V F
E R T N B N U C L E A R E L A
T A E H U J U I S A Y D A N C
A J I I B Y Q A B M T P P T I
L E L E C T R O N Y E A Z D D
S H Y D R O G E N B Z Z C I I
```

ACID
ALKALINE
ATOMIC
CARBON
CATALYST
HEAT
CHLORINE
ENZYME
ELECTRON
GAS

HYDROGEN
ION
LIQUID
METALS
MOLECULE
NUCLEAR
OXYGEN
WEIGHT
SALT

99 - Bateaux

```
Y  A  C  H  T  S  Y  Q  G  O  X  C  P  N  Y
V  X  J  G  M  R  S  C  G  O  J  F  J  H  S
C  K  J  W  A  V  E  S  D  P  B  Z  Q  L  B
A  S  C  I  D  W  S  R  E  U  E  P  M  M  D
E  E  S  I  Z  X  X  N  R  I  N  W  B  C  Z
U  C  H  D  P  L  M  U  A  E  I  U  S  D  P
Z  E  J  D  P  H  T  P  X  Q  G  V  J  H  L
P  P  X  B  E  T  O  C  E  A  N  G  A  K  A
Y  O  B  M  T  C  U  E  Z  E  O  N  A  C
C  R  E  W  J  T  C  E  I  E  C  K  C  Y  I
D  O  R  W  Q  X  S  O  G  R  I  L  H  A  T
L  L  Z  E  T  R  E  A  C  L  I  E  O  K  U
A  I  D  D  F  A  A  U  M  V  E  V  R  D  A
K  A  J  I  F  F  S  D  T  K  R  Z  E  V  N
E  S  D  T  X  T  A  O  B  L  I  A  S  R  C
```

ANCHOR	SAILOR
BUOY	MAST
CANOE	SEA
ROPE	ENGINE
CREW	NAUTICAL
FERRY	OCEAN
RIVER	RAFT
KAYAK	WAVES
LAKE	SAILBOAT
TIDE	YACHT

100 - Mesures

```
I  B  C  X  K  R  D  Y  M  C  L  M  K  V  V
R  E  T  E  M  I  T  N  E  C  E  C  N  U  O
K  W  Z  O  V  L  L  T  O  N  N  N  R  L  U
L  T  Q  I  N  C  H  O  K  C  G  Z  O  M  T
F  I  Y  F  I  F  M  T  M  E  T  J  K  A  E
R  W  T  W  B  I  Y  H  P  E  H  Q  V  X  L
A  B  B  E  U  L  Z  G  D  E  T  Y  B  K  V
Y  G  N  P  R  S  P  I  S  T  D  E  Z  I  I
D  E  G  R  E  E  R  E  T  U  I  M  R  L  R
F  H  E  I  G  H  T  W  Z  N  W  U  E  O  Y
A  S  Z  Y  V  B  U  A  K  I  E  L  T  G  Z
F  C  X  K  L  P  S  S  A  M  K  O  E  R  S
J  G  M  Y  M  I  Q  C  C  A  H  V  M  A  L
N  P  E  V  O  G  Y  N  Z  R  G  P  N  M  E
D  E  C  I  M  A  L  M  L  G  Q  A  K  H  F
```

CENTIMETER	MASS
DEGREE	METER
DECIMAL	MINUTE
GRAM	BYTE
HEIGHT	OUNCE
KILOGRAM	WEIGHT
KILOMETER	INCH
WIDTH	DEPTH
LITER	TON
LENGTH	VOLUME

1 - Adjectifs #2

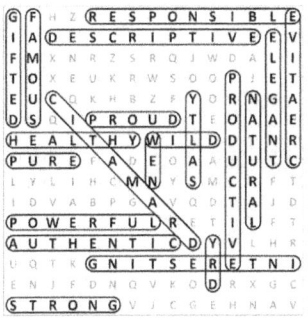

2 - Formes

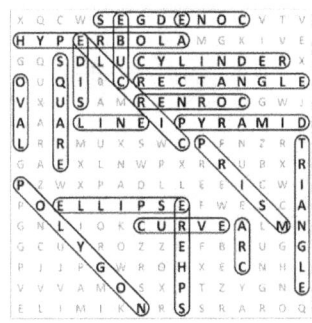

3 - Force et Gravité

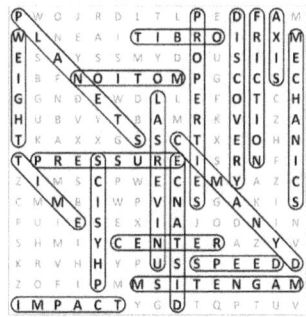

4 - Adjectifs #1

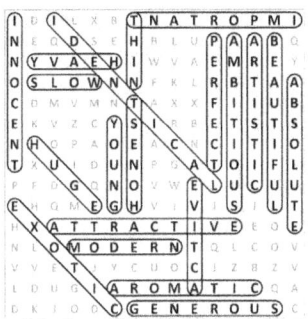

5 - Instruments de Musique

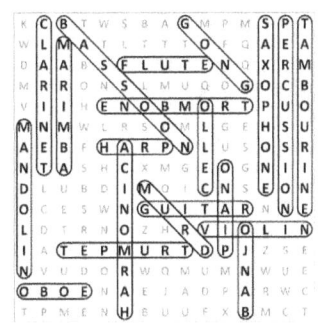

6 - Échecs

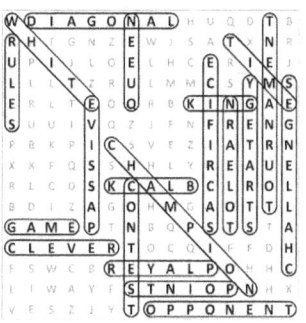

7 - Herboristerie

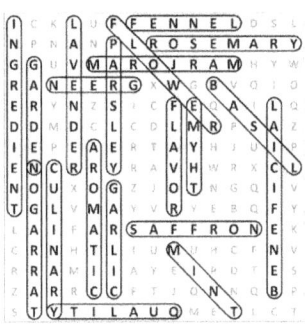

8 - Photographie

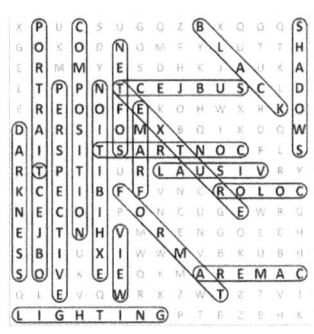

9 - Camping

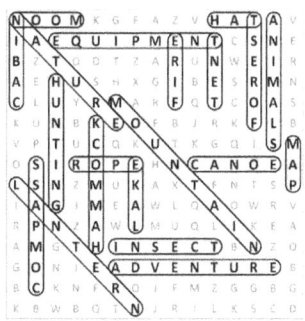

10 - Écologie

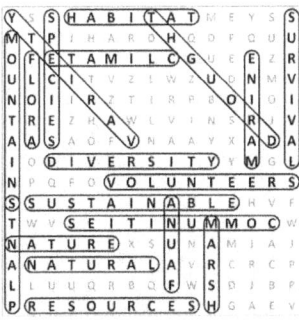

11 - Géométrie

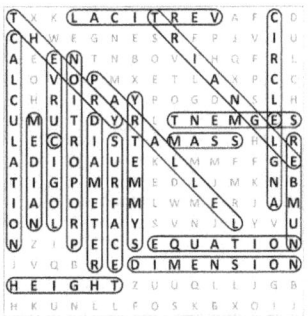

12 - Philanthropie

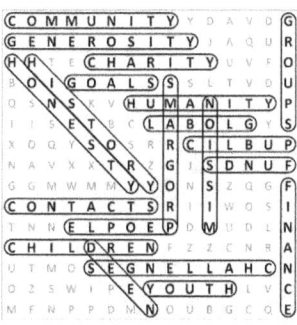

13 - Diplomatie

14 - Électricité

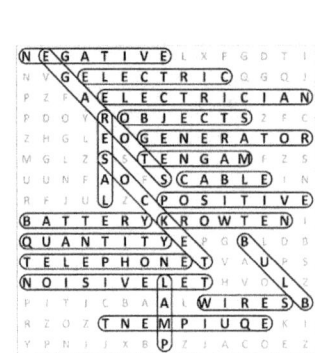

15 - Astronomie

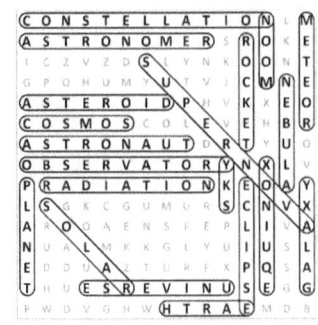

16 - Physique

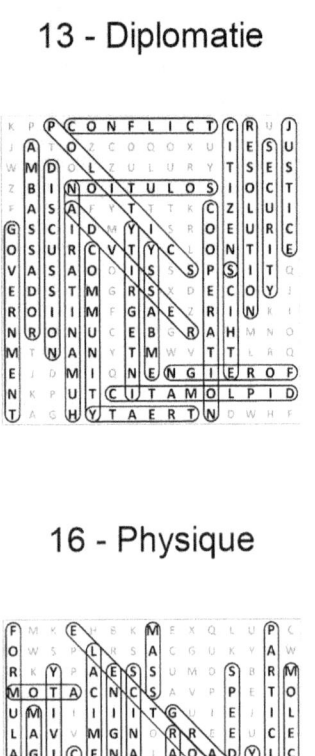

17 - Types de Cheveux

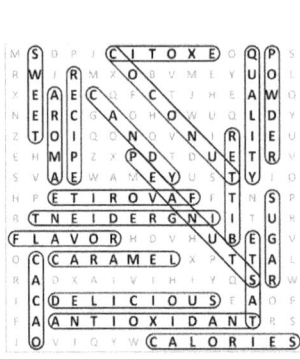

18 - Archéologie

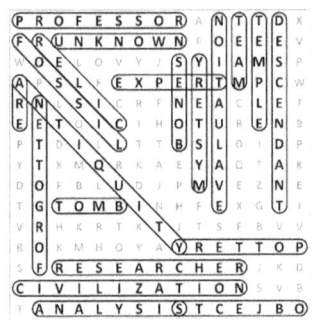

19 - Mammifères

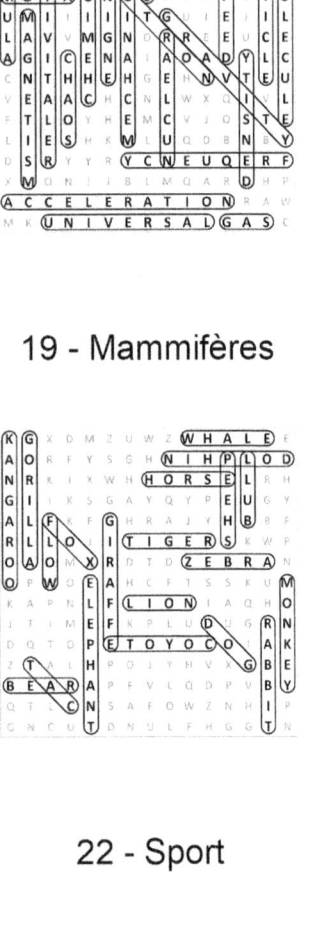

20 - Chocolat

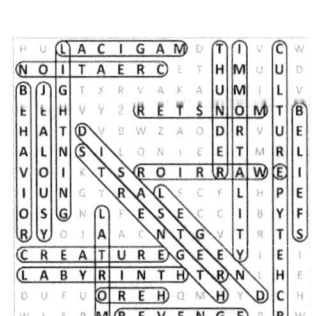

21 - Mathématiques

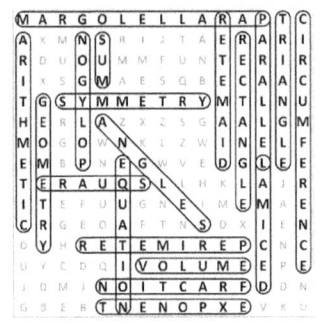

22 - Sport

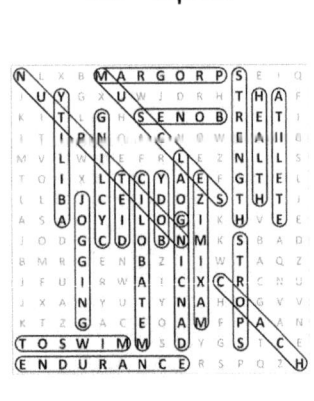

23 - Mythologie

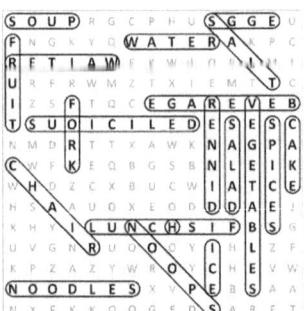

24 - Restaurant #2

25 - Beauté

26 - Avions

27 - Aventure

28 - Ingénierie

29 - Énergie

30 - Cuisine

31 - Corps Humain

32 - Biologie

33 - Épices

34 - Agronomie

35 - Science

36 - Vêtements

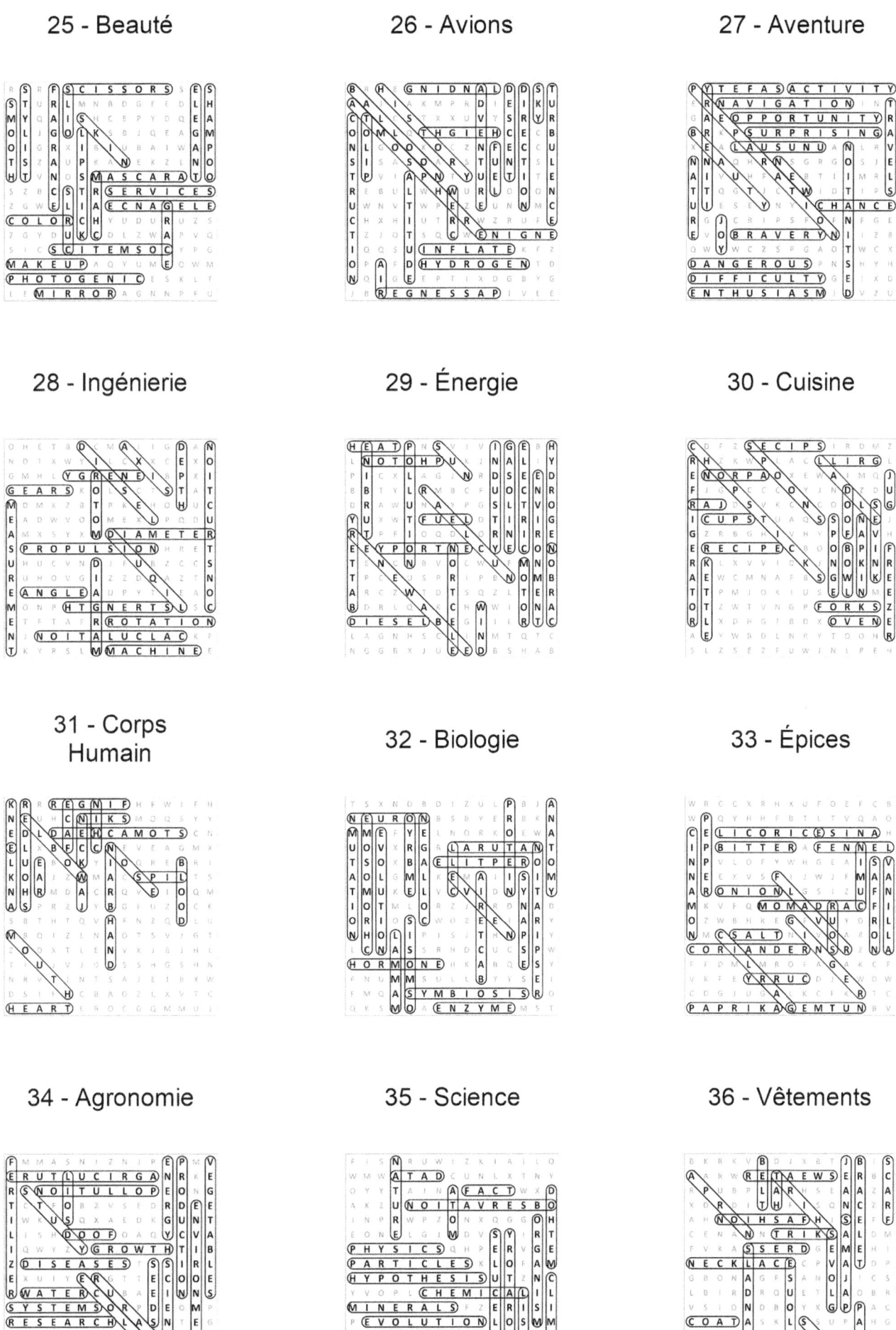

37 - Méditation

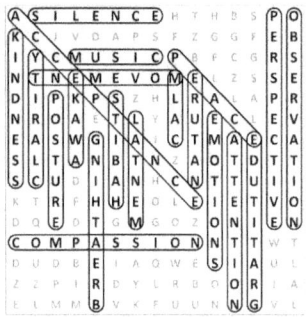

38 - Littérature

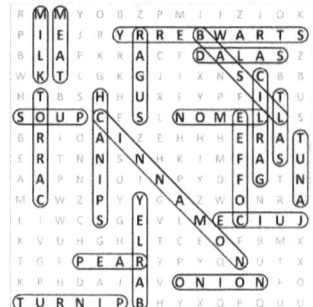

39 - Nourriture #1

40 - Jours et Mois

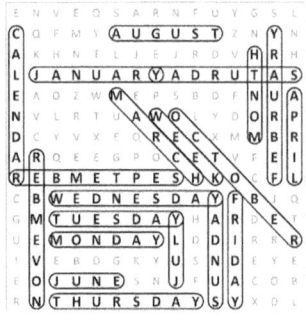

41 - Jardinage

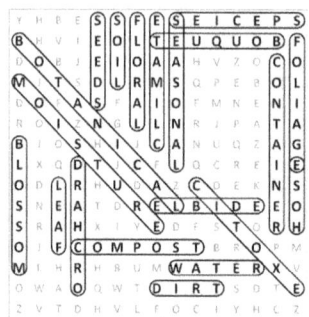

42 - Entreprise

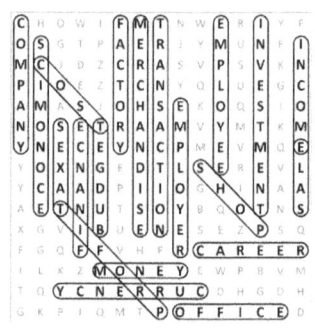

43 - Activités

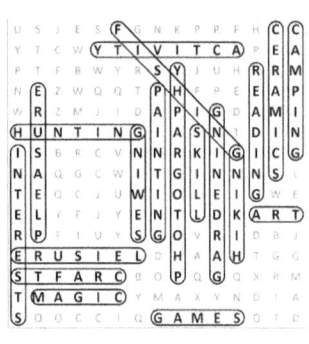

44 - Mode

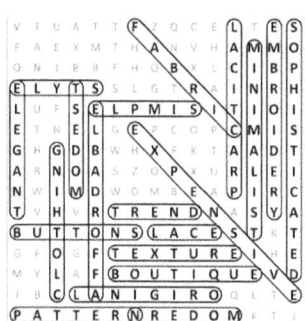

45 - Fleurs

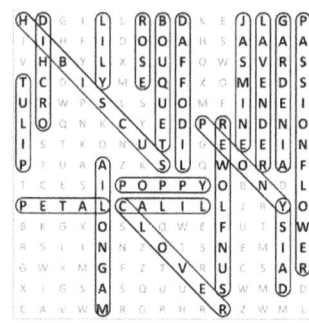

46 - Nourriture #2

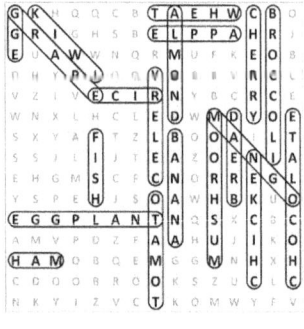

47 - Algèbre

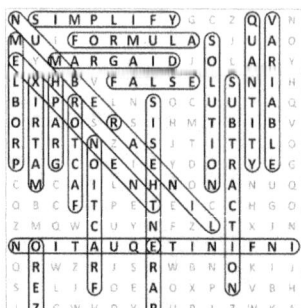

48 - Océan

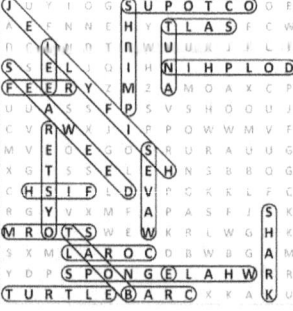

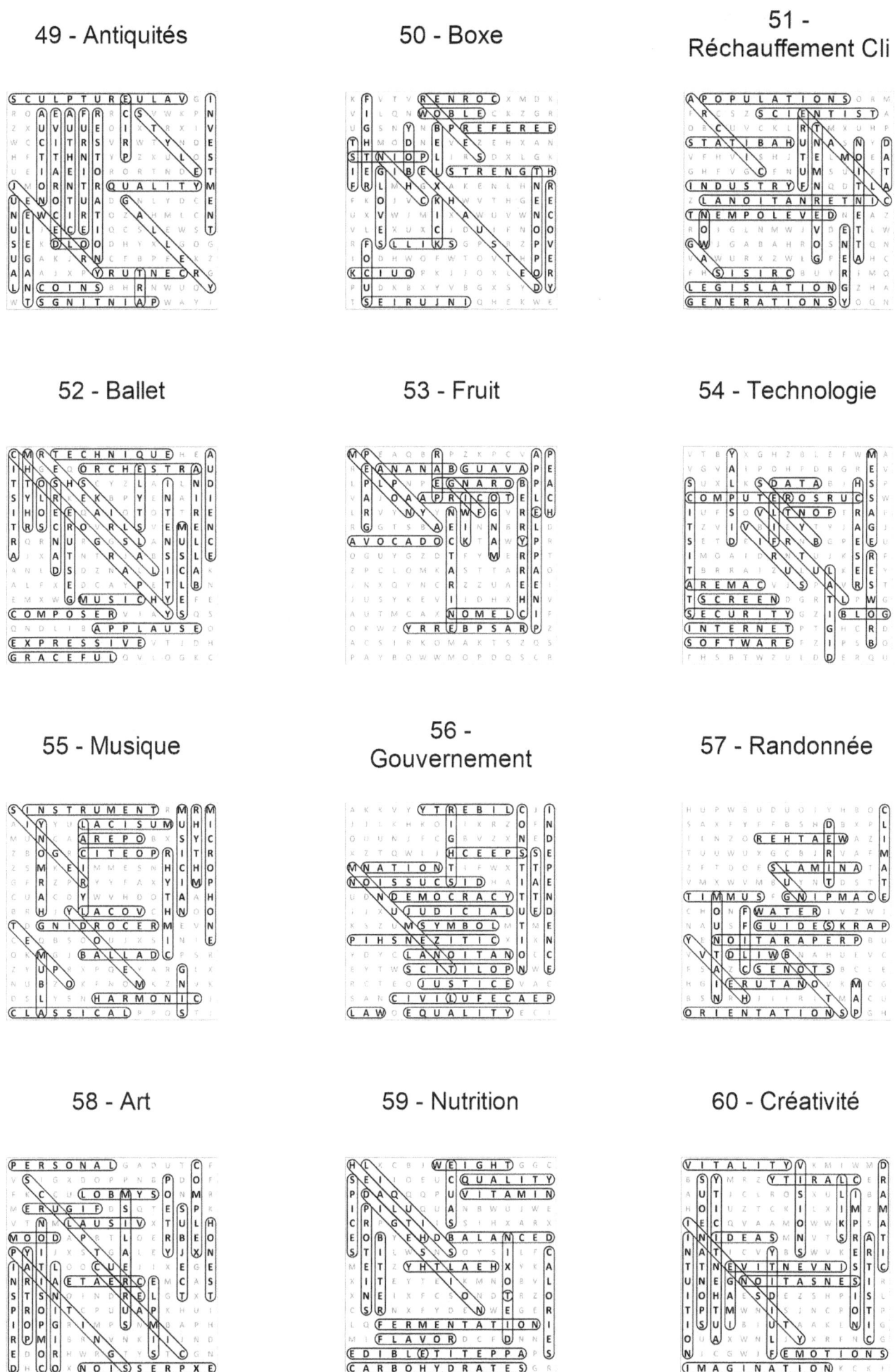

61 - Science Fiction

62 - Professions #1

63 - Géologie

64 - Jardin

65 - Santé et Bien Être #1

66 - Barbecues

67 - Forêt Tropicale

68 - Insectes

69 - Ferme #1

70 - Café

71 - Antarctique

72 - Professions #2

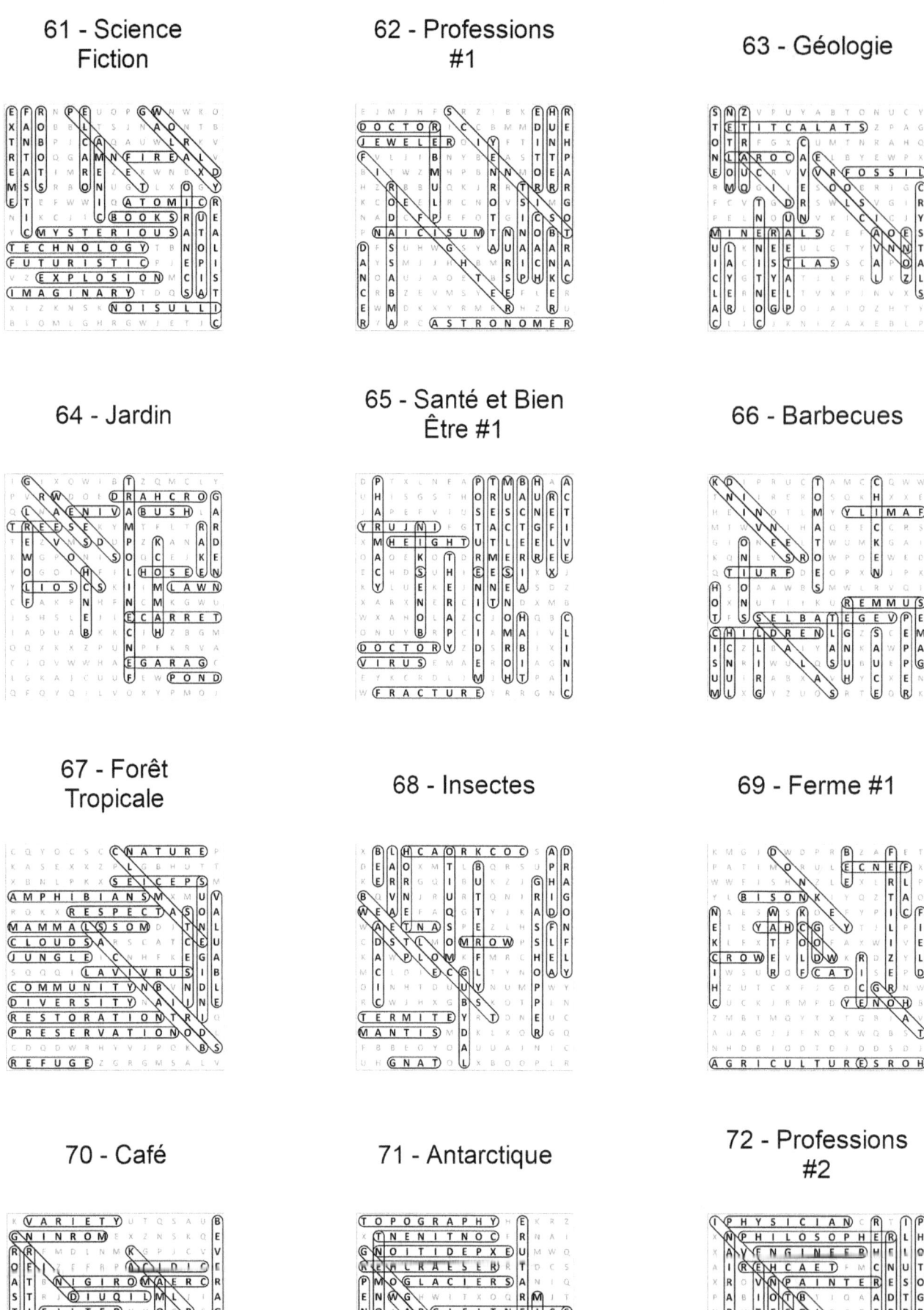

73 - Les Abeilles

74 - Santé et Bien Être #2

75 - Conduite

76 - Plantes

77 - Ferme #2

78 - Éthique

79 - Maison

80 - Famille

81 - Oiseaux

82 - Disciplines Scientifiques

83 - Maladie

84 - Émotions

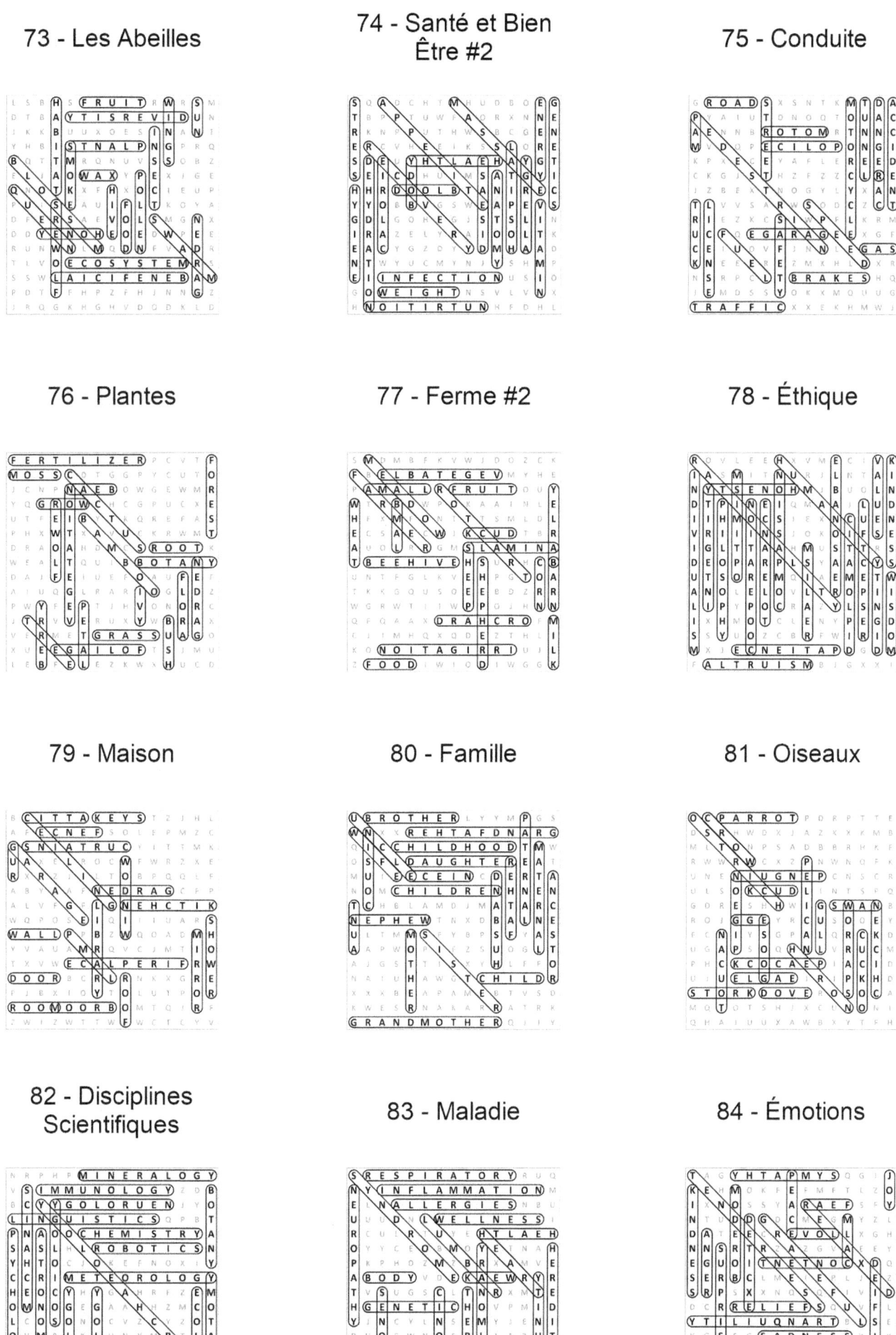

85 - Géographie

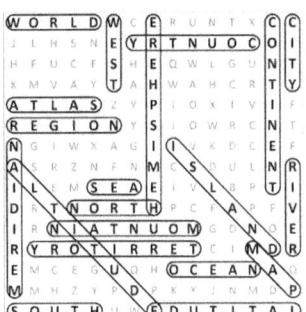

86 - Danse

87 - Bâtiments

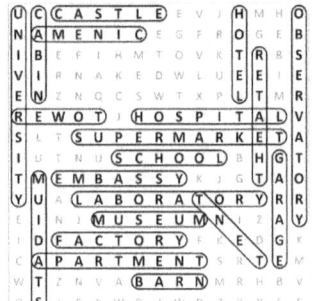

88 - Activités et Loisirs

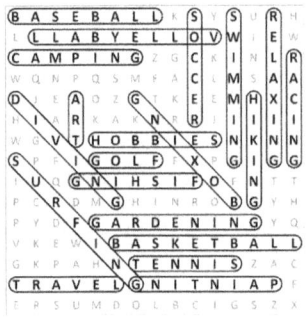

89 - Livres

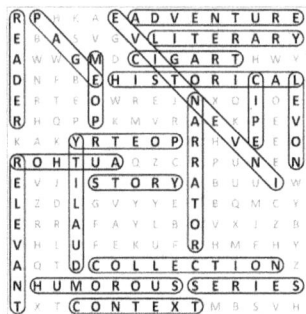

90 - Pays #2

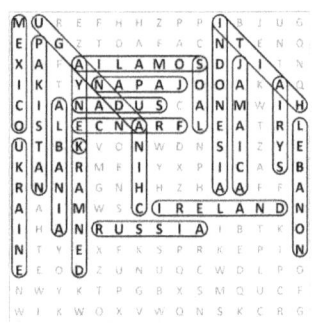

91 - Fournitures d'Art

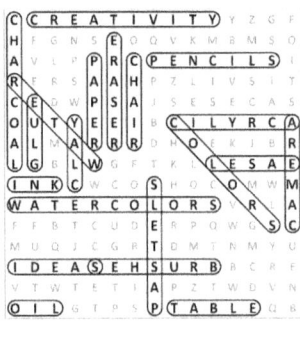

92 - Jazz

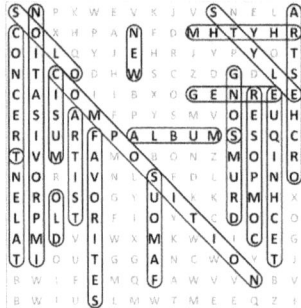

93 - Paysages

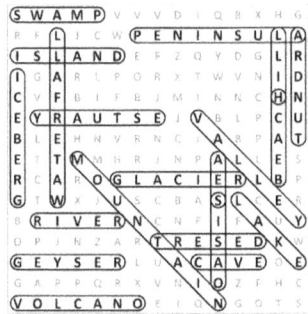

94 - Pays #1

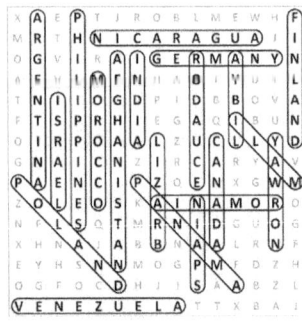

95 - Nombres

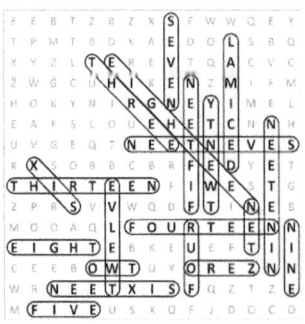

96 - Psychologie

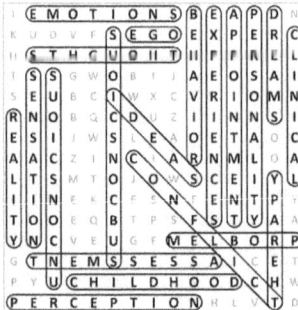

97 - Nature

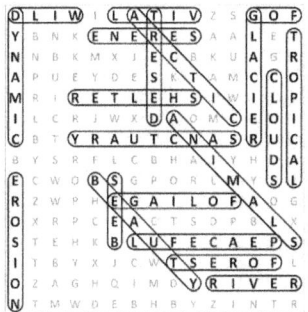

98 - Chimie

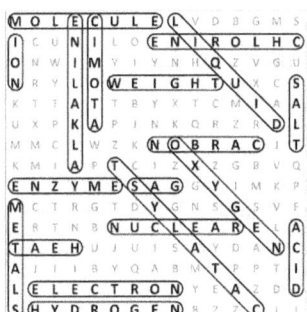

99 - Bateaux

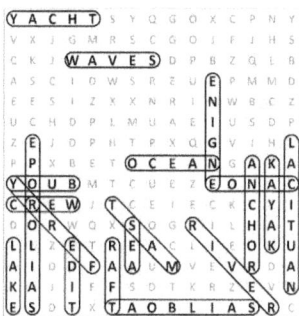

100 - Mesures

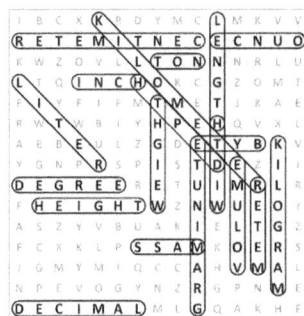

Dictionnaire

Activités
Activities

Activité	Activity
Art	Art
Artisanat	Crafts
Camping	Camping
Céramique	Ceramics
Chasse	Hunting
Compétence	Skill
Couture	Sewing
Intérêts	Interests
Jardinage	Gardening
Jeux	Games
Lecture	Reading
Loisir	Leisure
Magie	Magic
Peinture	Painting
Pêche	Fishing
Photographie	Photography
Plaisir	Pleasure
Randonnée	Hiking
Relaxation	Relaxation

Activités et Loisirs
Activities and Leisure

Art	Art
Base-Ball	Baseball
Basket-Ball	Basketball
Boxe	Boxing
Camping	Camping
Course	Racing
Football	Soccer
Golf	Golf
Jardinage	Gardening
Nager	Swimming
Passe-Temps	Hobbies
Peinture	Painting
Pêche	Fishing
Plongée	Diving
Randonnée	Hiking
Relaxant	Relaxing
Surf	Surfing
Tennis	Tennis
Volley-Ball	Volleyball
Voyage	Travel

Adjectifs #1
Adjectives #1

Absolu	Absolute
Actif	Active
Ambitieux	Ambitious
Aromatique	Aromatic
Artistique	Artistic
Attractif	Attractive
Beau	Beautiful
Exotique	Exotic
Énorme	Huge
Généreux	Generous
Honnête	Honest
Identique	Identical
Important	Important
Innocent	Innocent
Jeune	Young
Lent	Slow
Lourd	Heavy
Mince	Thin
Moderne	Modern
Parfait	Perfect

Adjectifs #2
Adjectives #2

Authentique	Authentic
Célèbre	Famous
Créatif	Creative
Descriptif	Descriptive
Doué	Gifted
Dramatique	Dramatic
Élégant	Elegant
Fier	Proud
Fort	Strong
Intéressant	Interesting
Naturel	Natural
Nouveau	New
Productif	Productive
Puissant	Powerful
Pur	Pure
Responsable	Responsible
Sain	Healthy
Salé	Salty
Sauvage	Wild
Sec	Dry

Agronomie
Agronomy

Agriculture	Agriculture
Croissance	Growth
Eau	Water
Engrais	Fertilizer
Environnement	Environment
Écologie	Ecology
Énergie	Energy
Érosion	Erosion
Étude	Study
Graines	Seeds
Légumes	Vegetables
Maladies	Diseases
Nourriture	Food
Pollution	Pollution
Production	Production
Recherche	Research
Rural	Rural
Science	Science
Sol	Soil
Systèmes	Systems

Algèbre
Algebra

Diagramme	Diagram
Exposant	Exponent
Équation	Equation
Facteur	Factor
Faux	False
Formule	Formula
Fraction	Fraction
Graphique	Graph
Infini	Infinite
Linéaire	Linear
Matrice	Matrix
Nombre	Number
Parenthèse	Parenthesis
Problème	Problem
Quantité	Quantity
Simplifier	Simplify
Solution	Solution
Soustraction	Subtraction
Variable	Variable
Zéro	Zero

Antarctique
Antarctica

Baie	Bay
Baleines	Whales
Chercheur	Researcher
Conservation	Conservation
Continent	Continent
Eau	Water
Environnement	Environment
Expédition	Expedition
Géographie	Geography
Glace	Ice
Glaciers	Glaciers
Îles	Islands
Migration	Migration
Minéraux	Minerals
Oiseaux	Birds
Péninsule	Peninsula
Rocheux	Rocky
Scientifique	Scientific
Température	Temperature
Topographie	Topography

Antiquités
Antiques

Art	Art
Authentique	Authentic
Bijoux	Jewelry
Décoratif	Decorative
Enchères	Auction
Élégant	Elegant
Galerie	Gallery
Inhabituel	Unusual
Investissement	Investment
Meubles	Furniture
Peintures	Paintings
Pièces	Coins
Prix	Price
Qualité	Quality
Restauration	Restoration
Sculpture	Sculpture
Siècle	Century
Style	Style
Valeur	Value
Vieux	Old

Archéologie
Archeology

Analyse	Analysis
Antiquité	Antiquity
Chercheur	Researcher
Civilisation	Civilization
Descendant	Descendant
Expert	Expert
Ère	Era
Équipe	Team
Évaluation	Evaluation
Fossile	Fossil
Inconnu	Unknown
Mystère	Mystery
Objets	Objects
Os	Bones
Oublié	Forgotten
Poterie	Pottery
Professeur	Professor
Relique	Relic
Temple	Temple
Tombe	Tomb

Art
Art

Céramique	Ceramic
Complexe	Complex
Composition	Composition
Créer	Create
Dépeindre	Portray
Expression	Expression
Figure	Figure
Honnête	Honest
Humeur	Mood
Inspiré	Inspired
Original	Original
Peintures	Paintings
Personnel	Personal
Poésie	Poetry
Sculpture	Sculpture
Simple	Simple
Sujet	Subject
Surréalisme	Surrealism
Symbole	Symbol
Visuel	Visual

Astronomie
Astronomy

Astéroïde	Asteroid
Astronaute	Astronaut
Astronome	Astronomer
Ciel	Sky
Constellation	Constellation
Cosmos	Cosmos
Éclipse	Eclipse
Équinoxe	Equinox
Fusée	Rocket
Galaxie	Galaxy
Lune	Moon
Météore	Meteor
Nébuleuse	Nebula
Observatoire	Observatory
Planète	Planet
Radiation	Radiation
Solaire	Solar
Supernova	Supernova
Terre	Earth
Univers	Universe

Aventure
Adventure

Activité	Activity
Beauté	Beauty
Bravoure	Bravery
Chance	Chance
Dangereux	Dangerous
Destination	Destination
Difficulté	Difficulty
Enthousiasme	Enthusiasm
Excursion	Excursion
Inhabituel	Unusual
Itinéraire	Itinerary
Joie	Joy
Nature	Nature
Navigation	Navigation
Nouveau	New
Opportunité	Opportunity
Préparation	Preparation
Sécurité	Safety
Surprenant	Surprising
Voyages	Travels

Avions
Airplanes

Air	Air
Altitude	Altitude
Atmosphère	Atmosphere
Atterrissage	Landing
Aventure	Adventure
Ballon	Balloon
Carburant	Fuel
Ciel	Sky
Construction	Construction
Descente	Descent
Direction	Direction
Équipage	Crew
Gonfler	Inflate
Hauteur	Height
Histoire	History
Hydrogène	Hydrogen
Moteur	Engine
Passager	Passenger
Pilote	Pilot
Turbulence	Turbulence

Ballet
Ballet

Applaudissement	Applause
Artistique	Artistic
Ballerine	Ballerina
Chorégraphie	Choreography
Compétence	Skill
Compositeur	Composer
Danseurs	Dancers
Expressif	Expressive
Geste	Gesture
Gracieux	Graceful
Intensité	Intensity
Muscles	Muscles
Musique	Music
Orchestre	Orchestra
Public	Audience
Répétition	Rehearsal
Rythme	Rhythm
Solo	Solo
Style	Style
Technique	Technique

Barbecues
Barbecues

Chaud	Hot
Couteaux	Knives
Déjeuner	Lunch
Dîner	Dinner
Enfants	Children
Été	Summer
Faim	Hunger
Famille	Family
Fruit	Fruit
Gril	Grill
Jeux	Games
Légumes	Vegetables
Musique	Music
Oignons	Onions
Poivre	Pepper
Poulet	Chicken
Salades	Salads
Sauce	Sauce
Sel	Salt
Tomates	Tomatoes

Bateaux
Boats

Ancre	Anchor
Bouée	Buoy
Canoë	Canoe
Corde	Rope
Équipage	Crew
Ferry	Ferry
Fleuve	River
Kayak	Kayak
Lac	Lake
Marée	Tide
Marin	Sailor
Mât	Mast
Mer	Sea
Moteur	Engine
Nautique	Nautical
Océan	Ocean
Radeau	Raft
Vagues	Waves
Voilier	Sailboat
Yacht	Yacht

Bâtiments
Buildings

Ambassade	Embassy
Appartement	Apartment
Cabine	Cabin
Château	Castle
Cinéma	Cinema
École	School
Garage	Garage
Grange	Barn
Hôpital	Hospital
Hôtel	Hotel
Laboratoire	Laboratory
Musée	Museum
Observatoire	Observatory
Stade	Stadium
Supermarché	Supermarket
Tente	Tent
Théâtre	Theater
Tour	Tower
Université	University
Usine	Factory

Beauté
Beauty

Boucles	Curls
Charme	Charm
Ciseaux	Scissors
Cosmétique	Cosmetics
Couleur	Color
Élégance	Elegance
Élégant	Elegant
Grâce	Grace
Huiles	Oils
Lisse	Smooth
Maquillage	Makeup
Mascara	Mascara
Miroir	Mirror
Parfum	Fragrance
Peau	Skin
Photogénique	Photogenic
Rouge à Lèvres	Lipstick
Services	Services
Shampooing	Shampoo
Styliste	Stylist

Biologie
Biology

Anatomie	Anatomy
Bactéries	Bacteria
Cellule	Cell
Chromosome	Chromosome
Collagène	Collagen
Embryon	Embryo
Enzyme	Enzyme
Évolution	Evolution
Hormone	Hormone
Mammifère	Mammal
Mutation	Mutation
Naturel	Natural
Nerf	Nerve
Neurone	Neuron
Osmose	Osmosis
Protéine	Protein
Reptile	Reptile
Respiration	Respiration
Symbiose	Symbiosis
Synapse	Synapse

Boxe
Boxing

Adversaire	Opponent
Arbitre	Referee
Blessures	Injuries
Cloche	Bell
Coin	Corner
Combattant	Fighter
Compétence	Skill
Concentrer	Focus
Cordes	Ropes
Corps	Body
Coude	Elbow
Coup	Kick
Épuisé	Exhausted
Force	Strength
Gants	Gloves
Menton	Chin
Poing	Fist
Points	Points
Rapide	Quick
Récupération	Recovery

Café
Coffee

Acide	Acidic
Amer	Bitter
Arôme	Aroma
Boisson	Beverage
Caféine	Caffeine
Crème	Cream
Eau	Water
Filtre	Filter
Lait	Milk
Liquide	Liquid
Matin	Morning
Moudre	Grind
Noir	Black
Origine	Origin
Prix	Price
Rôti	Roasted
Saveur	Flavor
Sucre	Sugar
Tasse	Cup
Variété	Variety

Camping
Camping

Animaux	Animals
Aventure	Adventure
Boussole	Compass
Cabine	Cabin
Canoë	Canoe
Carte	Map
Chapeau	Hat
Chasse	Hunting
Corde	Rope
Équipement	Equipment
Feu	Fire
Forêt	Forest
Hamac	Hammock
Insecte	Insect
Lac	Lake
Lanterne	Lantern
Lune	Moon
Montagne	Mountain
Nature	Nature
Tente	Tent

Chimie
Chemistry

Acide	Acid
Alcalin	Alkaline
Atomique	Atomic
Carbone	Carbon
Catalyseur	Catalyst
Chaleur	Heat
Chlore	Chlorine
Enzyme	Enzyme
Électron	Electron
Gaz	Gas
Hydrogène	Hydrogen
Ion	Ion
Liquide	Liquid
Métaux	Metals
Molécule	Molecule
Nucléaire	Nuclear
Oxygène	Oxygen
Poids	Weight
Sel	Salt
Température	Temperature

Chocolat
Chocolate

Amer	Bitter
Antioxydant	Antioxidant
Arôme	Aroma
Bonbon	Candy
Cacahuètes	Peanuts
Cacao	Cacao
Calories	Calories
Caramel	Caramel
Délicieux	Delicious
Doux	Sweet
Exotique	Exotic
Favori	Favorite
Goût	Taste
Ingrédient	Ingredient
Noix de Coco	Coconut
Poudre	Powder
Qualité	Quality
Recette	Recipe
Saveur	Flavor
Sucre	Sugar

Conduite
Driving

Accident	Accident
Camion	Truck
Carburant	Fuel
Carte	Map
Danger	Danger
Freins	Brakes
Garage	Garage
Gaz	Gas
Licence	License
Moteur	Motor
Moto	Motorcycle
Piéton	Pedestrian
Police	Police
Route	Road
Rue	Street
Sécurité	Safety
Trafic	Traffic
Tunnel	Tunnel
Vitesse	Speed
Voiture	Car

Corps Humain
Human Body

Bouche	Mouth
Cerveau	Brain
Cheville	Ankle
Cou	Neck
Coude	Elbow
Cœur	Heart
Doigt	Finger
Estomac	Stomach
Épaule	Shoulder
Genou	Knee
Lèvres	Lips
Main	Hand
Mâchoire	Jaw
Menton	Chin
Nez	Nose
Oreille	Ear
Peau	Skin
Sang	Blood
Tête	Head
Visage	Face

Créativité
Creativity

Artistique	Artistic
Authenticité	Authenticity
Clarté	Clarity
Compétence	Skill
Dramatique	Dramatic
Expression	Expression
Émotions	Emotions
Fluidité	Fluidity
Idées	Ideas
Image	Image
Imagination	Imagination
Impression	Impression
Inspiration	Inspiration
Intensité	Intensity
Intuition	Intuition
Inventif	Inventive
Sensation	Sensation
Spontané	Spontaneous
Visions	Visions
Vitalité	Vitality

Cuisine
Kitchen

Baguettes	Chopsticks
Bol	Bowl
Bouilloire	Kettle
Congélateur	Freezer
Couteaux	Knives
Cruche	Jug
Cuillères	Spoons
Épices	Spices
Éponge	Sponge
Four	Oven
Fourchettes	Forks
Gril	Grill
Louche	Ladle
Nourriture	Food
Pot	Jar
Recette	Recipe
Réfrigérateur	Refrigerator
Serviette	Napkin
Tablier	Apron
Tasses	Cups

Danse
Dance

Académie	Academy
Art	Art
Chorégraphie	Choreography
Classique	Classical
Corps	Body
Culture	Culture
Culturel	Cultural
Expressif	Expressive
Émotion	Emotion
Grâce	Grace
Joyeux	Joyful
Mouvement	Movement
Musique	Music
Partenaire	Partner
Posture	Posture
Répétition	Rehearsal
Rythme	Rhythm
Saut	Jump
Traditionnel	Traditional
Visuel	Visual

Diplomatie
Diplomacy

Ambassade	Embassy
Ambassadeur	Ambassador
Citoyens	Citizens
Communauté	Community
Conflit	Conflict
Conseiller	Adviser
Coopération	Cooperation
Diplomatique	Diplomatic
Discussion	Discussion
Éthique	Ethics
Étranger	Foreign
Gouvernement	Government
Humanitaire	Humanitarian
Intégrité	Integrity
Justice	Justice
Politique	Politics
Résolution	Resolution
Sécurité	Security
Solution	Solution
Traité	Treaty

Disciplines Scientifiques
Scientific Disciplines

Anatomie	Anatomy
Archéologie	Archaeology
Astronomie	Astronomy
Biochimie	Biochemistry
Biologie	Biology
Botanique	Botany
Chimie	Chemistry
Écologie	Ecology
Géologie	Geology
Immunologie	Immunology
Linguistique	Linguistics
Mécanique	Mechanics
Météorologie	Meteorology
Minéralogie	Mineralogy
Neurologie	Neurology
Physiologie	Physiology
Psychologie	Psychology
Robotique	Robotics
Sociologie	Sociology
Zoologie	Zoology

Entreprise
Business

Argent	Money
Boutique	Shop
Budget	Budget
Bureau	Office
Carrière	Career
Coût	Cost
Devise	Currency
Employeur	Employer
Employé	Employee
Entreprise	Company
Économie	Economics
Finance	Finance
Impôts	Taxes
Investissement	Investment
Marchandise	Merchandise
Profit	Profit
Revenu	Income
Transaction	Transaction
Usine	Factory
Vente	Sale

Échecs
Chess

Adversaire	Opponent
Apprendre	To Learn
Blanc	White
Champion	Champion
Concours	Contest
Défis	Challenges
Diagonal	Diagonal
Intelligent	Clever
Jeu	Game
Joueur	Player
Noir	Black
Passif	Passive
Points	Points
Reine	Queen
Règles	Rules
Roi	King
Sacrifice	Sacrifice
Stratégie	Strategy
Temps	Time
Tournoi	Tournament

Écologie
Ecology

Bénévoles	Volunteers
Climat	Climate
Communautés	Communities
Diversité	Diversity
Durable	Sustainable
Espèce	Species
Faune	Fauna
Flore	Flora
Habitat	Habitat
Marais	Marsh
Marin	Marine
Montagnes	Mountains
Nature	Nature
Naturel	Natural
Plantes	Plants
Ressources	Resources
Sécheresse	Drought
Survie	Survival
Variété	Variety
Végétation	Vegetation

Électricité
Electricity

Aimant	Magnet
Ampoule	Bulb
Batterie	Battery
Câble	Cable
Électricien	Electrician
Électrique	Electric
Équipement	Equipment
Fils	Wires
Générateur	Generator
Lampe	Lamp
Laser	Laser
Négatif	Negative
Objets	Objects
Positif	Positive
Prise	Socket
Quantité	Quantity
Réseau	Network
Stockage	Storage
Téléphone	Telephone
Télévision	Television

Émotions
Emotions

Amour	Love
Calme	Calm
Colère	Anger
Contenu	Content
Détendu	Relaxed
Embarrassé	Embarrassed
Ennui	Boredom
Excité	Excited
Gentillesse	Kindness
Joie	Joy
Paix	Peace
Peur	Fear
Reconnaissant	Grateful
Relief	Relief
Satisfait	Satisfied
Surprise	Surprise
Sympathie	Sympathy
Tendresse	Tenderness
Tranquillité	Tranquility
Tristesse	Sadness

Énergie
Energy

Batterie	Battery
Carbone	Carbon
Carburant	Fuel
Chaleur	Heat
Diesel	Diesel
Entropie	Entropy
Environnement	Environment
Essence	Gasoline
Électrique	Electric
Électron	Electron
Hydrogène	Hydrogen
Industrie	Industry
Moteur	Motor
Nucléaire	Nuclear
Photon	Photon
Pollution	Pollution
Renouvelable	Renewable
Soleil	Sun
Turbine	Turbine
Vent	Wind

Épices
Spices

Aigre	Sour
Ail	Garlic
Amer	Bitter
Anis	Anise
Cannelle	Cinnamon
Cardamome	Cardamom
Coriandre	Coriander
Cumin	Cumin
Curry	Curry
Fenouil	Fennel
Gingembre	Ginger
Muscade	Nutmeg
Oignon	Onion
Paprika	Paprika
Poivre	Pepper
Réglisse	Licorice
Safran	Saffron
Saveur	Flavor
Sel	Salt
Vanille	Vanilla

Éthique
Ethics

Altruisme	Altruism
Compassion	Compassion
Coopération	Cooperation
Dignité	Dignity
Diplomatique	Diplomatic
Gentillesse	Kindness
Honnêteté	Honesty
Humanité	Humanity
Individualisme	Individualism
Intégrité	Integrity
Optimisme	Optimism
Patience	Patience
Philosophie	Philosophy
Raisonnable	Reasonable
Rationalité	Rationality
Respectueux	Respectful
Réalisme	Realism
Sagesse	Wisdom
Tolérance	Tolerance
Valeurs	Values

Famille
Family

Ancêtre	Ancestor
Cousin	Cousin
Enfance	Childhood
Enfant	Child
Enfants	Children
Femme	Wife
Fille	Daughter
Frère	Brother
Grand-Mère	Grandmother
Grand-Père	Grandfather
Mari	Husband
Maternel	Maternal
Mère	Mother
Neveu	Nephew
Nièce	Niece
Oncle	Uncle
Paternel	Paternal
Père	Father
Soeur	Sister
Tante	Aunt

Ferme #1
Farm #1

Abeille	Bee
Agriculture	Agriculture
Âne	Donkey
Bison	Bison
Champ	Field
Chat	Cat
Cheval	Horse
Chèvre	Goat
Chien	Dog
Clôture	Fence
Corbeau	Crow
Eau	Water
Engrais	Fertilizer
Foin	Hay
Miel	Honey
Poulet	Chicken
Riz	Rice
Troupeau	Flock
Vache	Cow
Veau	Calf

Ferme #2
Farm #2

Agneau	Lamb
Agriculteur	Farmer
Animaux	Animals
Berger	Shepherd
Blé	Wheat
Canard	Duck
Fruit	Fruit
Grange	Barn
Irrigation	Irrigation
Lait	Milk
Lama	Llama
Légume	Vegetable
Maïs	Corn
Mouton	Sheep
Nourriture	Food
Orge	Barley
Pré	Meadow
Ruche	Beehive
Tracteur	Tractor
Verger	Orchard

Fleurs
Flowers

Bouquet	Bouquet
Gardénia	Gardenia
Hibiscus	Hibiscus
Jasmin	Jasmine
Jonquille	Daffodil
Lavande	Lavender
Lilas	Lilac
Lys	Lily
Magnolia	Magnolia
Marguerite	Daisy
Orchidée	Orchid
Passiflore	Passionflower
Pavot	Poppy
Pétale	Petal
Pissenlit	Dandelion
Pivoine	Peony
Rose	Rose
Tournesol	Sunflower
Trèfle	Clover
Tulipe	Tulip

Force et Gravité
Force and Gravity

Axe	Axis
Centre	Center
Découverte	Discovery
Distance	Distance
Dynamique	Dynamic
Expansion	Expansion
Friction	Friction
Impact	Impact
Magnétisme	Magnetism
Mécanique	Mechanics
Mouvement	Motion
Orbite	Orbit
Physique	Physics
Planètes	Planets
Poids	Weight
Pression	Pressure
Propriétés	Properties
Temps	Time
Universel	Universal
Vitesse	Speed

Forêt Tropicale
Rainforest

Amphibiens	Amphibians
Botanique	Botanical
Climat	Climate
Communauté	Community
Diversité	Diversity
Espèce	Species
Indigène	Indigenous
Insectes	Insects
Jungle	Jungle
Mammifères	Mammals
Mousse	Moss
Nature	Nature
Nuage	Clouds
Oiseaux	Birds
Précieux	Valuable
Préservation	Preservation
Refuge	Refuge
Respect	Respect
Restauration	Restoration
Survie	Survival

Formes
Shapes

Arc	Arc
Bords	Edges
Carré	Square
Cercle	Circle
Coin	Corner
Courbe	Curve
Cône	Cone
Côté	Side
Cube	Cube
Cylindre	Cylinder
Ellipse	Ellipse
Hyperbole	Hyperbola
Ligne	Line
Ovale	Oval
Polygone	Polygon
Prisme	Prism
Pyramide	Pyramid
Rectangle	Rectangle
Sphère	Sphere
Triangle	Triangle

Fournitures d'Art
Art Supplies

Acrylique	Acrylic
Aquarelles	Watercolors
Argile	Clay
Brosses	Brushes
Caméra	Camera
Chaise	Chair
Charbon	Charcoal
Chevalet	Easel
Colle	Glue
Couleurs	Colors
Crayons	Pencils
Créativité	Creativity
Eau	Water
Encre	Ink
Gomme	Eraser
Huile	Oil
Idées	Ideas
Papier	Paper
Pastels	Pastels
Table	Table

Fruit
Fruit

Abricot	Apricot
Ananas	Pineapple
Avocat	Avocado
Baie	Berry
Banane	Banana
Cerise	Cherry
Citron	Lemon
Figue	Fig
Framboise	Raspberry
Goyave	Guava
Kiwi	Kiwi
Mangue	Mango
Melon	Melon
Nectarine	Nectarine
Orange	Orange
Papaye	Papaya
Pêche	Peach
Poire	Pear
Pomme	Apple
Raisin	Grape

Géographie
Geography

Altitude	Altitude
Atlas	Atlas
Carte	Map
Continent	Continent
Fleuve	River
Hémisphère	Hemisphere
Île	Island
Latitude	Latitude
Mer	Sea
Méridien	Meridian
Monde	World
Montagne	Mountain
Nord	North
Océan	Ocean
Ouest	West
Pays	Country
Région	Region
Sud	South
Territoire	Territory
Ville	City

Géologie
Geology

Acide	Acid
Calcium	Calcium
Caverne	Cavern
Continent	Continent
Corail	Coral
Couche	Layer
Cristaux	Crystals
Érosion	Erosion
Fondu	Molten
Fossile	Fossil
Geyser	Geyser
Lave	Lava
Minéraux	Minerals
Pierre	Stone
Plateau	Plateau
Quartz	Quartz
Sel	Salt
Stalactite	Stalactite
Volcan	Volcano
Zone	Zone

Géométrie
Geometry

Angle	Angle
Calcul	Calculation
Cercle	Circle
Courbe	Curve
Diamètre	Diameter
Dimension	Dimension
Équation	Equation
Hauteur	Height
Logique	Logic
Masse	Mass
Médian	Median
Nombre	Number
Parallèle	Parallel
Proportion	Proportion
Segment	Segment
Surface	Surface
Symétrie	Symmetry
Théorie	Theory
Triangle	Triangle
Vertical	Vertical

Gouvernement
Government

Citoyenneté	Citizenship
Civil	Civil
Constitution	Constitution
Démocratie	Democracy
Discours	Speech
Discussion	Discussion
Droits	Rights
Égalité	Equality
État	State
Indépendance	Independence
Judiciaire	Judicial
Justice	Justice
Liberté	Liberty
Loi	Law
Monument	Monument
Nation	Nation
National	National
Paisible	Peaceful
Politique	Politics
Symbole	Symbol

Herboristerie
Herbalism

Ail	Garlic
Aromatique	Aromatic
Basilic	Basil
Bénéfique	Beneficial
Culinaire	Culinary
Estragon	Tarragon
Fenouil	Fennel
Fleur	Flower
Ingrédient	Ingredient
Jardin	Garden
Lavande	Lavender
Marjolaine	Marjoram
Menthe	Mint
Persil	Parsley
Qualité	Quality
Romarin	Rosemary
Safran	Saffron
Saveur	Flavor
Thym	Thyme
Vert	Green

Ingénierie
Engineering

Angle	Angle
Axe	Axis
Calcul	Calculation
Construction	Construction
Diagramme	Diagram
Diamètre	Diameter
Diesel	Diesel
Distribution	Distribution
Engrenages	Gears
Énergie	Energy
Force	Strength
Liquide	Liquid
Machine	Machine
Mesure	Measurement
Moteur	Motor
Profondeur	Depth
Propulsion	Propulsion
Rotation	Rotation
Stabilité	Stability
Structure	Structure

Insectes
Insects

Abeille	Bee
Cafard	Cockroach
Cigale	Cicada
Coccinelle	Ladybug
Criquet	Locust
Fourmi	Ant
Frelon	Hornet
Guêpe	Wasp
Larve	Larva
Libellule	Dragonfly
Mante	Mantis
Moucheron	Gnat
Moustique	Mosquito
Papillon	Butterfly
Puce	Flea
Puceron	Aphid
Sauterelle	Grasshopper
Scarabée	Beetle
Termite	Termite
Ver	Worm

Instruments de Musique
Musical Instruments

Banjo	Banjo
Basson	Bassoon
Clarinette	Clarinet
Flûte	Flute
Gong	Gong
Guitare	Guitar
Harmonica	Harmonica
Harpe	Harp
Hautbois	Oboe
Mandoline	Mandolin
Marimba	Marimba
Percussion	Percussion
Piano	Piano
Saxophone	Saxophone
Tambour	Drum
Tambourin	Tambourine
Trombone	Trombone
Trompette	Trumpet
Violon	Violin
Violoncelle	Cello

Jardin
Garden

Arbre	Tree
Banc	Bench
Buisson	Bush
Clôture	Fence
Étang	Pond
Fleur	Flower
Garage	Garage
Hamac	Hammock
Herbe	Grass
Jardin	Garden
Mauvaises Herbes	Weeds
Pelle	Shovel
Pelouse	Lawn
Râteau	Rake
Sol	Soil
Terrasse	Terrace
Trampoline	Trampoline
Tuyau	Hose
Verger	Orchard
Vigne	Vine

Jardinage
Gardening

Botanique	Botanical
Bouquet	Bouquet
Climat	Climate
Comestible	Edible
Compost	Compost
Eau	Water
Espèce	Species
Exotique	Exotic
Feuillage	Foliage
Feuille	Leaf
Fleur	Blossom
Floral	Floral
Graines	Seeds
Humidité	Moisture
Récipient	Container
Saisonnier	Seasonal
Saleté	Dirt
Sol	Soil
Tuyau	Hose
Verger	Orchard

Jazz
Jazz

Album	Album
Artiste	Artist
Célèbre	Famous
Chanson	Song
Compositeur	Composer
Composition	Composition
Concert	Concert
Favoris	Favorites
Genre	Genre
Improvisation	Improvisation
Musique	Music
Nouveau	New
Orchestre	Orchestra
Rythme	Rhythm
Solo	Solo
Style	Style
Talent	Talent
Tambours	Drums
Technique	Technique
Vieux	Old

Jours et Mois
Days and Months

Août	August
Avril	April
Calendrier	Calendar
Dimanche	Sunday
Février	February
Janvier	January
Jeudi	Thursday
Juillet	July
Juin	June
Lundi	Monday
Mardi	Tuesday
Mars	March
Mercredi	Wednesday
Mois	Month
Novembre	November
Octobre	October
Samedi	Saturday
Semaine	Week
Septembre	September
Vendredi	Friday

Les Abeilles
Bees

Ailes	Wings
Bénéfique	Beneficial
Cire	Wax
Diversité	Diversity
Essaim	Swarm
Écosystème	Ecosystem
Fleur	Blossom
Fleurs	Flowers
Fruit	Fruit
Fumée	Smoke
Habitat	Habitat
Insecte	Insect
Jardin	Garden
Miel	Honey
Nourriture	Food
Plantes	Plants
Pollen	Pollen
Reine	Queen
Ruche	Hive
Soleil	Sun

Littérature
Literature

Analogie	Analogy
Analyse	Analysis
Anecdote	Anecdote
Auteur	Author
Biographie	Biography
Comparaison	Comparison
Conclusion	Conclusion
Description	Description
Dialogue	Dialogue
Fiction	Fiction
Métaphore	Metaphor
Narrateur	Narrator
Poème	Poem
Poétique	Poetic
Rime	Rhyme
Roman	Novel
Rythme	Rhythm
Style	Style
Thème	Theme
Tragédie	Tragedy

Livres
Books

Auteur	Author
Aventure	Adventure
Collection	Collection
Contexte	Context
Dualité	Duality
Épique	Epic
Histoire	Story
Historique	Historical
Humoristique	Humorous
Inventif	Inventive
Lecteur	Reader
Littéraire	Literary
Narrateur	Narrator
Page	Page
Pertinent	Relevant
Poème	Poem
Poésie	Poetry
Roman	Novel
Série	Series
Tragique	Tragic

Maison
House

Balai	Broom
Bibliothèque	Library
Chambre	Room
Cheminée	Fireplace
Clés	Keys
Clôture	Fence
Cuisine	Kitchen
Douche	Shower
Fenêtre	Window
Garage	Garage
Grenier	Attic
Jardin	Garden
Lampe	Lamp
Miroir	Mirror
Mur	Wall
Plafond	Ceiling
Porte	Door
Rideaux	Curtains
Tapis	Rug
Toit	Roof

Maladie
Disease

Abdominal	Abdominal
Allergies	Allergies
Bien-Être	Wellness
Chronique	Chronic
Contagieux	Contagious
Corps	Body
Cœur	Heart
Faible	Weak
Génétique	Genetic
Héréditaire	Hereditary
Immunité	Immunity
Inflammation	Inflammation
Lombaire	Lumbar
Neuropathie	Neuropathy
Os	Bones
Pulmonaire	Pulmonary
Respiratoire	Respiratory
Santé	Health
Syndrome	Syndrome
Thérapie	Therapy

Mammifères
Mammals

Baleine	Whale
Chat	Cat
Cheval	Horse
Chien	Dog
Coyote	Coyote
Dauphin	Dolphin
Éléphant	Elephant
Girafe	Giraffe
Gorille	Gorilla
Kangourou	Kangaroo
Lapin	Rabbit
Lion	Lion
Loup	Wolf
Mouton	Sheep
Ours	Bear
Renard	Fox
Singe	Monkey
Taureau	Bull
Tigre	Tiger
Zèbre	Zebra

Mathématiques
Math

Angles	Angles
Arithmétique	Arithmetic
Carré	Square
Circonférence	Circumference
Décimal	Decimal
Diamètre	Diameter
Exposant	Exponent
Équation	Equation
Fraction	Fraction
Géométrie	Geometry
Parallèle	Parallel
Parallélogramme	Parallelogram
Perpendiculaire	Perpendicular
Périmètre	Perimeter
Polygone	Polygon
Rectangle	Rectangle
Somme	Sum
Symétrie	Symmetry
Triangle	Triangle
Volume	Volume

Mesures
Measurements

Centimètre	Centimeter
Degré	Degree
Décimal	Decimal
Gramme	Gram
Hauteur	Height
Kilogramme	Kilogram
Kilomètre	Kilometer
Largeur	Width
Litre	Liter
Longueur	Length
Masse	Mass
Mètre	Meter
Minute	Minute
Octet	Byte
Once	Ounce
Poids	Weight
Pouce	Inch
Profondeur	Depth
Tonne	Ton
Volume	Volume

Méditation
Meditation

Acceptation	Acceptance
Attention	Attention
Calme	Calm
Clarté	Clarity
Compassion	Compassion
Émotions	Emotions
Éveillé	Awake
Gentillesse	Kindness
Gratitude	Gratitude
Habitudes	Habits
Mental	Mental
Mouvement	Movement
Musique	Music
Nature	Nature
Observation	Observation
Paix	Peace
Perspective	Perspective
Posture	Posture
Respiration	Breathing
Silence	Silence

Mode
Fashion

Abordable	Affordable
Boutique	Boutique
Boutons	Buttons
Broderie	Embroidery
Cher	Expensive
Dentelle	Lace
Élégant	Elegant
Minimaliste	Minimalist
Moderne	Modern
Modeste	Modest
Modèle	Pattern
Original	Original
Pratique	Practical
Simple	Simple
Sophistiqué	Sophisticated
Style	Style
Tendance	Trend
Texture	Texture
Tissu	Fabric
Vêtements	Clothing

Musique
Music

Album	Album
Ballade	Ballad
Chanter	Sing
Chanteur	Singer
Classique	Classical
Enregistrement	Recording
Harmonie	Harmony
Harmonique	Harmonic
Instrument	Instrument
Lyrique	Lyrical
Mélodie	Melody
Microphone	Microphone
Musical	Musical
Musicien	Musician
Opéra	Opera
Poétique	Poetic
Rythme	Rhythm
Rythmique	Rhythmic
Tempo	Tempo
Vocal	Vocal

Mythologie
Mythology

Archétype	Archetype
Catastrophe	Disaster
Comportement	Behavior
Création	Creation
Créature	Creature
Croyances	Beliefs
Culture	Culture
Éclair	Lightning
Force	Strength
Guerrier	Warrior
Héros	Hero
Immortalité	Immortality
Jalousie	Jealousy
Labyrinthe	Labyrinth
Légende	Legend
Magique	Magical
Monstre	Monster
Mortel	Mortal
Tonnerre	Thunder
Vengeance	Revenge

Nature
Nature

Abeilles	Bees
Abri	Shelter
Animaux	Animals
Arctique	Arctic
Beauté	Beauty
Brouillard	Fog
Désert	Desert
Dynamique	Dynamic
Érosion	Erosion
Feuillage	Foliage
Fleuve	River
Forêt	Forest
Glacier	Glacier
Nuage	Clouds
Paisible	Peaceful
Sanctuaire	Sanctuary
Sauvage	Wild
Serein	Serene
Tropical	Tropical
Vital	Vital

Nombres
Numbers

Cinq	Five
Deux	Two
Décimal	Decimal
Dix	Ten
Dix-Huit	Eighteen
Dix-Neuf	Nineteen
Dix-Sept	Seventeen
Douze	Twelve
Huit	Eight
Neuf	Nine
Quatorze	Fourteen
Quatre	Four
Quinze	Fifteen
Seize	Sixteen
Sept	Seven
Six	Six
Treize	Thirteen
Trois	Three
Vingt	Twenty
Zéro	Zero

Nourriture #1
Food #1

Ail	Garlic
Basilic	Basil
Café	Coffee
Cannelle	Cinnamon
Carotte	Carrot
Citron	Lemon
Épinard	Spinach
Fraise	Strawberry
Jus	Juice
Lait	Milk
Navet	Turnip
Oignon	Onion
Orge	Barley
Poire	Pear
Salade	Salad
Sel	Salt
Soupe	Soup
Sucre	Sugar
Thon	Tuna
Viande	Meat

Nourriture #2
Food #2

Amande	Almond
Aubergine	Eggplant
Banane	Banana
Blé	Wheat
Brocoli	Broccoli
Cerise	Cherry
Céleri	Celery
Champignon	Mushroom
Chocolat	Chocolate
Jambon	Ham
Kiwi	Kiwi
Mangue	Mango
Oeuf	Egg
Pain	Bread
Poisson	Fish
Pomme	Apple
Poulet	Chicken
Raisin	Grape
Riz	Rice
Tomate	Tomato

Nutrition
Nutrition

Amer	Bitter
Appétit	Appetite
Calories	Calories
Comestible	Edible
Diète	Diet
Digestion	Digestion
Épices	Spices
Équilibré	Balanced
Fermentation	Fermentation
Glucides	Carbohydrates
Liquides	Liquids
Poids	Weight
Protéines	Proteins
Qualité	Quality
Sain	Healthy
Santé	Health
Sauce	Sauce
Saveur	Flavor
Toxine	Toxin
Vitamine	Vitamin

Océan
Ocean

Algue	Seaweed
Anguille	Eel
Baleine	Whale
Bateau	Boat
Corail	Coral
Crabe	Crab
Crevette	Shrimp
Dauphin	Dolphin
Éponge	Sponge
Huître	Oyster
Méduse	Jellyfish
Poisson	Fish
Poulpe	Octopus
Requin	Shark
Récif	Reef
Sel	Salt
Tempête	Storm
Thon	Tuna
Tortue	Turtle
Vagues	Waves

Oiseaux
Birds

Aigle	Eagle
Autruche	Ostrich
Canard	Duck
Cigogne	Stork
Colombe	Dove
Corbeau	Crow
Coucou	Cuckoo
Cygne	Swan
Héron	Heron
Manchot	Penguin
Moineau	Sparrow
Mouette	Gull
Oeuf	Egg
Oie	Goose
Paon	Peacock
Perroquet	Parrot
Pélican	Pelican
Pigeon	Pigeon
Poulet	Chicken
Toucan	Toucan

Pays #1
Countries #1

Afghanistan	Afghanistan
Allemagne	Germany
Argentine	Argentina
Brésil	Brazil
Canada	Canada
Espagne	Spain
Équateur	Ecuador
Finlande	Finland
Inde	India
Israël	Israel
Libye	Libya
Mali	Mali
Maroc	Morocco
Nicaragua	Nicaragua
Norvège	Norway
Panama	Panama
Philippines	Philippines
Pologne	Poland
Roumanie	Romania
Venezuela	Venezuela

Pays #2
Countries #2

Albanie	Albania
Chine	China
Danemark	Denmark
France	France
Haïti	Haiti
Indonésie	Indonesia
Irlande	Ireland
Jamaïque	Jamaica
Japon	Japan
Kenya	Kenya
Laos	Laos
Liban	Lebanon
Mexique	Mexico
Ouganda	Uganda
Pakistan	Pakistan
Russie	Russia
Somalie	Somalia
Soudan	Sudan
Syrie	Syria
Ukraine	Ukraine

Paysages
Landscapes

Cascade	Waterfall
Colline	Hill
Désert	Desert
Estuaire	Estuary
Fleuve	River
Geyser	Geyser
Glacier	Glacier
Grotte	Cave
Iceberg	Iceberg
Île	Island
Lac	Lake
Marais	Swamp
Mer	Sea
Montagne	Mountain
Oasis	Oasis
Péninsule	Peninsula
Plage	Beach
Toundra	Tundra
Vallée	Valley
Volcan	Volcano

Philanthropie
Philanthropy

Besoin	Need
Buts	Goals
Charité	Charity
Communauté	Community
Contacts	Contacts
Défis	Challenges
Enfants	Children
Finance	Finance
Fonds	Funds
Gens	People
Générosité	Generosity
Global	Global
Groupes	Groups
Histoire	History
Honnêteté	Honesty
Humanité	Humanity
Jeunesse	Youth
Mission	Mission
Programmes	Programs
Public	Public

Photographie
Photography

Adoucir	Soften
Cadre	Frame
Caméra	Camera
Composition	Composition
Contraste	Contrast
Couleur	Color
Définition	Definition
Exposition	Exhibition
Éclairage	Lighting
Format	Format
Noir	Black
Objet	Object
Obscurité	Darkness
Ombre	Shadows
Perspective	Perspective
Portrait	Portrait
Sujet	Subject
Texture	Texture
Visuel	Visual
Vue	View

Physique
Physics

Accélération	Acceleration
Atome	Atom
Chaos	Chaos
Chimique	Chemical
Densité	Density
Électron	Electron
Formule	Formula
Fréquence	Frequency
Gaz	Gas
Gravité	Gravity
Magnétisme	Magnetism
Masse	Mass
Mécanique	Mechanics
Molécule	Molecule
Moteur	Engine
Nucléaire	Nuclear
Particule	Particle
Relativité	Relativity
Universel	Universal
Vitesse	Speed

Plantes
Plants

Arbre	Tree
Baie	Berry
Bambou	Bamboo
Botanique	Botany
Buisson	Bush
Cactus	Cactus
Engrais	Fertilizer
Feuillage	Foliage
Fleur	Flower
Flore	Flora
Forêt	Forest
Grandir	Grow
Haricot	Bean
Herbe	Grass
Jardin	Garden
Lierre	Ivy
Mousse	Moss
Pétale	Petal
Racine	Root
Végétation	Vegetation

Professions #1
Professions #1

Ambassadeur	Ambassador
Astronome	Astronomer
Avocat	Attorney
Banquier	Banker
Bijoutier	Jeweler
Cartographe	Cartographer
Chasseur	Hunter
Danseur	Dancer
Entraîneur	Coach
Éditeur	Editor
Géologue	Geologist
Infirmière	Nurse
Médecin	Doctor
Musicien	Musician
Pianiste	Pianist
Plombier	Plumber
Pompier	Firefighter
Psychologue	Psychologist
Scientifique	Scientist
Vétérinaire	Veterinarian

Professions #2
Professions #2

Astronaute	Astronaut
Bibliothécaire	Librarian
Biologiste	Biologist
Chercheur	Researcher
Chirurgien	Surgeon
Dentiste	Dentist
Détective	Detective
Enseignant	Teacher
Illustrateur	Illustrator
Ingénieur	Engineer
Inventeur	Inventor
Jardinier	Gardener
Journaliste	Journalist
Linguiste	Linguist
Médecin	Physician
Peintre	Painter
Philosophe	Philosopher
Photographe	Photographer
Pilote	Pilot
Zoologiste	Zoologist

Psychologie
Psychology

Clinique	Clinical
Comportement	Behavior
Conflit	Conflict
Ego	Ego
Enfance	Childhood
Expériences	Experiences
Émotions	Emotions
Évaluation	Assessment
Idées	Ideas
Inconscient	Unconscious
Pensées	Thoughts
Perception	Perception
Personnalité	Personality
Problème	Problem
Rendez-Vous	Appointment
Réalité	Reality
Rêves	Dreams
Sensation	Sensation
Subconscient	Subconscious
Thérapie	Therapy

Randonnée
Hiking

Animaux	Animals
Bottes	Boots
Camping	Camping
Carte	Map
Climat	Climate
Eau	Water
Falaise	Cliff
Fatigué	Tired
Guides	Guides
Lourd	Heavy
Météo	Weather
Montagne	Mountain
Nature	Nature
Orientation	Orientation
Parcs	Parks
Pierres	Stones
Préparation	Preparation
Sauvage	Wild
Soleil	Sun
Sommet	Summit

Restaurant #2
Restaurant #2

Boisson	Beverage
Chaise	Chair
Cuillère	Spoon
Déjeuner	Lunch
Délicieux	Delicious
Dîner	Dinner
Eau	Water
Épices	Spices
Fourchette	Fork
Fruit	Fruit
Gâteau	Cake
Glace	Ice
Légumes	Vegetables
Nouilles	Noodles
Oeuf	Eggs
Poisson	Fish
Salade	Salad
Sel	Salt
Serveur	Waiter
Soupe	Soup

Réchauffement Climatique
Global Warming

Arctique	Arctic
Attention	Attention
Climat	Climate
Crise	Crisis
Développement	Development
Données	Data
Environnemental	Environmental
Énergie	Energy
Futur	Future
Gaz	Gas
Générations	Generations
Gouvernement	Government
Habitats	Habitats
Industrie	Industry
International	International
Législation	Legislation
Maintenant	Now
Populations	Populations
Scientifique	Scientist
Températures	Temperatures

Santé et Bien-Être #1
Health and Wellness #1

Actif	Active
Bactéries	Bacteria
Blessure	Injury
Clinique	Clinic
Faim	Hunger
Fracture	Fracture
Habitude	Habit
Hauteur	Height
Hormone	Hormones
Médecin	Doctor
Médicament	Medicine
Muscles	Muscles
Os	Bones
Peau	Skin
Pharmacie	Pharmacy
Posture	Posture
Réflexe	Reflex
Thérapie	Therapy
Traitement	Treatment
Virus	Virus

Santé et Bien-Être #2
Health and Wellness #2

Allergie	Allergy
Anatomie	Anatomy
Appétit	Appetite
Calorie	Calorie
Corps	Body
Déshydratation	Dehydration
Énergie	Energy
Génétique	Genetics
Hôpital	Hospital
Hygiène	Hygiene
Infection	Infection
Maladie	Disease
Massage	Massage
Nutrition	Nutrition
Poids	Weight
Récupération	Recovery
Sain	Healthy
Sang	Blood
Stress	Stress
Vitamine	Vitamin

Science
Science

Atome	Atom
Chimique	Chemical
Climat	Climate
Données	Data
Expérience	Experiment
Évolution	Evolution
Fait	Fact
Fossile	Fossil
Gravité	Gravity
Hypothèse	Hypothesis
Laboratoire	Laboratory
Méthode	Method
Minéraux	Minerals
Molécules	Molecules
Nature	Nature
Observation	Observation
Organisme	Organism
Particules	Particles
Physique	Physics
Scientifique	Scientist

Science-Fiction
Science Fiction

Atomique	Atomic
Cinéma	Cinema
Explosion	Explosion
Extrême	Extreme
Fantastique	Fantastic
Feu	Fire
Futuriste	Futuristic
Galaxie	Galaxy
Illusion	Illusion
Imaginaire	Imaginary
Livres	Books
Monde	World
Mystérieux	Mysterious
Oracle	Oracle
Planète	Planet
Réaliste	Realistic
Robots	Robots
Scénario	Scenario
Technologie	Technology
Utopie	Utopia

Sport
Sport

Athlète	Athlete
Capacité	Ability
Corps	Body
Cyclisme	Cycling
Danse	Dancing
Diète	Diet
Endurance	Endurance
Entraîneur	Coach
Force	Strength
Jogging	Jogging
Maximiser	Maximize
Métabolique	Metabolic
Muscles	Muscles
Nager	To Swim
Nutrition	Nutrition
Objectif	Goal
Os	Bones
Programme	Program
Santé	Health
Sports	Sports

Technologie
Technology

Affichage	Display
Blog	Blog
Caméra	Camera
Curseur	Cursor
Données	Data
Écran	Screen
Fichier	File
Internet	Internet
Logiciel	Software
Message	Message
Navigateur	Browser
Numérique	Digital
Octets	Bytes
Ordinateur	Computer
Police	Font
Recherche	Research
Sécurité	Security
Statistiques	Statistics
Virtuel	Virtual
Virus	Virus

Types de Cheveux
Hair Types

Argent	Silver
Blanc	White
Blond	Blond
Boucles	Curls
Brillant	Shiny
Chauve	Bald
Coloré	Colored
Court	Short
Doux	Soft
Épais	Thick
Frisé	Curly
Gris	Gray
Long	Long
Marron	Brown
Mince	Thin
Noir	Black
Ondulé	Wavy
Sain	Healthy
Sec	Dry
Tressé	Braided

Vêtements
Clothes

Bracelet	Bracelet
Ceinture	Belt
Chapeau	Hat
Chaussure	Shoe
Chemise	Shirt
Chemisier	Blouse
Collier	Necklace
Foulard	Scarf
Gants	Gloves
Jeans	Jeans
Jupe	Skirt
Manteau	Coat
Mode	Fashion
Pantalon	Pants
Pull	Sweater
Pyjama	Pajamas
Robe	Dress
Sandales	Sandals
Tablier	Apron
Veste	Jacket

Félicitations

Vous avez réussi !

Nous espérons que vous avez apprécié ce livre autant que nous avons pris plaisir à le concevoir. Nous faisons de notre mieux pour créer des livres de la meilleure qualité possible.
Cette édition est conçue pour permettre un apprentissage intelligent et de qualité en se divertissant !

Vous avez aimé ce livre ?

Une Simple Demande

Nos livres existent grâce aux avis que vous publiez. Pourriez-vous nous aider en laissant un avis maintenant ?

Voici un lien rapide qui vous mènera à votre
page d'évaluation de vos commandes :

BestBooksActivity.com/Avis50

CHALLENGE FINAL !

Défi n°1

Êtes-vous prêt pour votre jeu bonus ? Nous les utilisons tout le temps mais ils ne sont pas si faciles à trouver. Voici les **Synonymes** !

Notez 5 mots que vous avez trouvés dans les puzzles notés ci-dessous (n°21, n°36, n°76) et essayez de trouver 2 synonymes pour chaque mot.

Notez 5 Mots du **Puzzle 21**

Mots	Synonyme 1	Synonyme 2

Notez 5 Mots du **Puzzle 36**

Mots	Synonyme 1	Synonyme 2

Notez 5 Mots du **Puzzle 76**

Mots	Synonyme 1	Synonyme 2

Défi n°2

Maintenant que vous vous êtes échauffé, notez 5 mots que vous avez découverts dans les Puzzles n° 9, n° 17, n° 25 et essayez de trouver 2 antonymes pour chaque mot. Combien pouvez-vous en trouver en 20 minutes ?

Notez 5 Mots du **Puzzle 9**

Mots	Antonyme 1	Antonyme 2

Notez 5 Mots du **Puzzle 17**

Mots	Antonyme 1	Antonyme 2

Notez 5 Mots du **Puzzle 25**

Mots	Antonyme 1	Antonyme 2

Défi n°3

Formidable ! Ce défi final n'est rien pour vous.

Prêt pour le dernier défi ? Choisissez 10 mots que vous avez découverts parmi les différents puzzles et notez-les ci-dessous.

1.	6.
2.	7.
3.	8.
4.	9.
5.	10.

Maintenant, composez un texte en pensant à une personne, un animal ou un lieu que vous aimez !

Astuce: Vous pouvez utiliser la dernière page de ce livre comme brouillon !

Votre Composition :

CARNET DE NOTES :

À TRÈS BIENTÔT !

Toute l'équipe

DECOUVREZ DES JEUX GRATUITS

GO

BESTACTIVITYBOOKS.COM/FREEGAMES

www.ingramcontent.com/pod-product-compliance
Lightning Source LLC
Chambersburg PA
CBHW082158120626
46553CB00010B/2936